Peter Gertenbach

Vier Tage, zwei Leben

Die Geschichte einer Entschleunigung

Akademische Verlagsbuchhandlung
Friedrich Mauke
Jena

Für Jona und Daniel, meine Söhne

– das Beste von allem

Wichtige Produktinformation

Im Vorgriff auf das sogenannte Klare-Sache-Gesetz, i. e. die zum 1. April 2025 anstehende bundesrechtliche Umsetzung einer EU-Richtlinie zur Verbesserung des LeserInnenschutzes vor missverständlichen oder missliebigen Buchinhalten, verzichtet »Vier Tage, zwei Leben. Die Geschichte einer Entschleunigung« proaktiv auf die Verwendung von Wörtern wie Fxxxxx, Nxxxx oder Zxxxxxxxxxxxxx. Dennoch enthält der Text aus dramaturgischen Gründen in geringem Umfang sprachliche Spurenelemente, die unter Umständen als »explizit« empfunden werden könnten. Alle an der Herstellung dieses Produktes beteiligten Personen bedauern dies und bitten daher, gegebenenfalls von Mahnwachen vor dem Verlag, vor Buchhandlungen und Bibliotheken sowie von Hasstweets bzw. -mails freundlichst Abstand zu nehmen.

Erlangen, im Herbst 2023
Der Autor

Inhalt

Zusammenbruch | Ein irrlichterndes Ich

Ein später Freitagnachmittag Ende September 1969. Wegen beruflicher wie privater Tiefschläge ist der bis dato erfolgreich in Paris tätige deutsche Werbefachmann Lucius an die Côte d'Azur »geflüchtet«. In dem kleinen Ort Malady-sur-Mer nimmt er in einem sichtlich in die Jahre gekommenen Gasthof Quartier. Erschöpft hadert er mit seinem Schicksal, bis er sich schliesslich in einem zerbrochenen Spiegel verliert.

»Tggh, tgh ... bodhh ... Dakh.«

Stille.

»Bbggh. bodhh ...«

Es klang, so gut wie unhörbar, als fiele trockenes, dürres Holz in kleinsten Stücken auf den steifen Stoff von Lucius' Leinenkappe und leise, sehr, sehr leise, auf den alten Dielenboden. Eine akustische Täuschung. Das Geräusch, das Lucius in seinem bedauernswerten Zustand selbst gar nicht vernahm, war vielmehr ein untrügliches Zeichen dafür, dass sich eine Handvoll Ameisen, Schmeißfliegen, Schaben und verirrte Grillen von der mörderischen Hitze der vergangenen Monate ausgezehrt und versengt in ihr Schicksal gefügt und aufgegeben hatte. Halbtot, wenn nicht ganz und gar, fielen ihre winzigen Körper nacheinander von den Deckenbalken, deren aufgerissenes Holz sie willig freigab. Hier in diesem kleinen Zimmer, das Lucius an diesem Freitag gerade in einem bescheidenen alten Gasthof bezogen hatte, mittendrin in der Rauheit und Schönheit des Südens, wo man nah am Fuß der Berge das Meer riechen und rauschen hören konnte, wollte er Erlittenes vergessen und sich auf die Suche nach sich selbst, nach seinen verlorenen Sehnsüchten und einem möglichen Morgen begeben, vielleicht sogar ein Buch darüber schreiben. Es war ein aus der Not geborener Plan C.

Seit dem Frühjahr litten Frankreichs Regionen, allen voran weite Teile der Provence, unter nie zuvor gemessenen Temperaturen. Zahllose Landstriche lagen nach einem halben Jahr gnadenloser Trockenheit brach, waren leblose, wertlose Krume geworden. Die stehende Luft bedeckte all das Tote und Sterbende unerbittlich wie ein unsichtbares Leichentuch. Heiß legte es sich auf jede Hoffnung, die nach Abkühlung und Regen sann. Auch für Lucius lag, gefühlt, das gute Leben eine Ewigkeit zurück – eine Ewigkeit von gerade 24, wenngleich sehr langen 24 Stunden. Seit dem Vortag glaubte er jedenfalls alles verloren. Die Ereignisse in der Firma, die folgenden nächtlichen Dramen und schließlich die schier endlose Fahrt in einem unerbittlich an ihm rüttelnden und zerrenden Omnibus von Paris hierher über Stock und Stein, über Land- und Nebenstraßen, vorbei am Nirgendwo, hatten ihn müde und mürbe gemacht. Lucius fühlte sich wie ein abgeschmolzener, maroder Meteorit, wie der klägliche Rest eines einstmals eindrucksvollen großen Ganzen, das kosmische Kräfte gewaltsam aus seiner Umlaufbahn um Geld, Erfolg und elegante Damen geworfen hatten. Nun, nach einem Höllenritt durch den leeren, dunklen Weltraum, stand der Einschlag auf franko-eurasischem Grund und Boden, stand sein Ende unausweichlich bevor.

Ein lautes Klopfen an der Zimmertür bewahrte den humanoiden Himmelskörper vor dem Schlimmsten. Im letzten Moment der Zerstörung entgangen, kam Lucius langsam zu sich. Monsieur Alphonse, der Wirt, trat ein. Sein blasses Gesicht mit den schwarzblauen Bartstoppeln machte Lucius glauben, eine in Milch gequollene Mohnsemmel rede auf ihn ein, um ihm mitzuteilen, dass die Etagentoilette gegenüber seinem Zimmer defekt sei. Und da es im Ort leider schon lange keinen Klempner mehr gebe, müsse man erst einen aus dem eine gute halbe Autostunde entfernten Anneville kommen lassen. »Übrigens ein recht sehenswertes Städtchen mit einer attraktiven Bürgermeisterin. Einige Regierungsmitglieder und andere Prominente haben dort sogar einen Zweitwohnsitz. Bestimmt kennen Sie es ja. Das Fernsehen sendet öfter von dort«, versuchte der Patron ein wenig von der für beide misslichen Situation abzulenken – nicht ohne einzugestehen, dass er wegen der schlechten Straßenverbindung und der bleiernen Hitze heute jedenfalls mit keinem Handwerker mehr rechne. Aber er hoffe auf den morgigen, voraussichtlich etwas kühleren Vormittag. »Und ich habe auch noch etwas in der Hinterhand ...« Monsieur Alphonse zwinkerte Lucius wie einem Verbündeten zu: »Ein Gratis-Fläschchen unseres gerühmten Roten. Kein gallischer Zaubertrank, aber ...« Er lächelte verschwitzt. »Bis dahin bitte ich Sie, mit unseren Einrichtungen im Erdgeschoss gleich neben der Küche sowie im Hof vorliebzunehmen. Danke für Ihr Verständnis, Monsieur. Mercí beaucoup!«

Kaum war die frankophone Wolke aus Entschuldigungs- und Verlegenheitsfloskeln ins Erdgeschoss abgezogen, schwand auch Lucius' Benommenheit zumindest so weit, dass er das Drängen seiner Blase nach Erlösung von dem aufgestauten Übel nicht mehr igno-

rieren konnte. Hastig riss er Gürtel und Hose auf, sprang mehr als er lief auf den schmalen Balkon seines Zimmers und entließ, was ihn wie manche der Leibhaftige bedrückte, in hohem gotischen Bogen über und durch das schmiedeeiserne Geländer. Mit hängenden Schultern, aber erleichtert und mit einem aufsteigend guten Gefühl um die Hüften begann er leise, aber fast ein wenig übermütig zur Melodie der Marseillaise zu summen: »Allons enfants de la latrine ...« Ein bergbachgleiches Rauschen und ein Donnern, das zumindest Militärhistoriker an heftiges Haubitzenfeuer napoleonischer Artillerie erinnern würde, begleitete das Ereignis. Wie in Hans Anders Christiansens Märchen »Das basse nasse Gänseblümchen« fiel für Sekunden dichter, güldener Regen in den Hof hinab. Er traf ein halbes Dutzend offener Kisten mit jenem feinen, von Alphonse eben noch vollmundig gerühmten Tropfen. Jetzt schwiegen die Flaschen betroffen im warmen Licht des späten Nachmittags. Von dem Geschehen keine drei Meter unter ihm gänzlich unberührt, schloss Lucius die Balkontür. Dann warf er sich wieder aufs Bett und überließ für eine Weile die Dinge um ihn herum sich selbst.

Erst ein leises Kratzen der katzengolden glänzenden Mondsichel auf den Dachschindeln – vielleicht auch etwas, was so ähnlich klang, nachts ist das schwer zu bestimmen – weckte Lucius aus einem farblosen, trostlosen Traum, dem Traum aller Erschöpften. Mühsam, hauptsächlich von einem grauenvollen Geschmack im Mund getrieben, erhob er sich von seinem Lager. Missmutig stellte er fest, dass er offenbar in einem Zustand der Unzurechnungsfähigkeit gleich nach seiner Ankunft zwar sein Quartier bezogen, aber weder Zähne geputzt, noch die Reisetasche ausgepackt, noch sich wenigstens seiner verschwitzten Kleidung entledigt hatte. Auch die lackschwarze Hermès No. 2 mit ihrem schweren gegossenen Gehäuse, dem vornehmen Buchstaben- und Zahlenarrangement auf weißem Grund sowie zahlreichen Sondertasten alles andere als eine praktische Reiseschreibmaschine, stand achtlos abgestellt auf dem Boden. Lucius öffnete den Deckel des Transportkoffers, hob das beeindruckende Büroutensil heraus, wuchtete es auf die kleine Bank unter dem Gaubenfenster und lächelte – ganz so, als erfreue er sich an einem Nachttischbildchen einer Geliebten. Eigentlich neigte er nicht zur Melancholie und Anflüge von Rührseligkeit verstand er stets zu parieren. Aber jetzt ...

Die Schreibmaschine, eine frühe technische Kostbarkeit aus den Werkstätten der Schweizer Feinmechaniker von Paillard, war ein

Erbstück. Mitte der 1930er-Jahre, kurz nach Lucius' Konfirmation, hatte sein Vater sie aus dem Nachlass des hessischen Heimatdichters und Druckereibesitzers Carl Hesselbach im Kölner Kunstauktionshaus Klüngel & Lempertz ersteigert. Sie sei »eine Schönheit, die auf alles andere im Raume abstrahlt«, sagte sein Vater regelmäßig, wenn Lucius' Mutter die nicht ganz preiswerte, von ihrer Warte aus nutzlose Anschaffung wieder einmal kritisierte. Erst das Argument, dass das teure Schreibgerät ihren Einkaufszetteln und Wäschelisten und später einmal auch den Briefen ihres Sohnes, vielleicht sogar literarischen Arbeiten aus seiner Feder eine persönliche Note verleihen würde, war in der Lage, den Familienfrieden wieder herzustellen. Und nun fiel dem guten Stück gleichsam über Nacht die Rolle ihres, nein, seines, Lucius' Lebens zu. Gewissermaßen als Notarin nachgetragener Liebe war sie dazu ausersehen, in den nächsten Wochen Wichtiges aus Lucius' Jugendtagen und Erwachsenendasein zu Papier zu bringen. Doch woran konnte, woran wollte er sich überhaupt erinnern? An Dinge, wie das metallisch blau glänzend eingeschlagene Jopa-Eis am Stil, das er als Kind immer bekam, wenn er mit seinem Vater auf den Pferderennplatz ging? An Früherotisches, wie den forsch gepressten Kuss der neunjährigen Schulhofschönheit Ulrike Kugler? An Tragisches, wie seine Blinddarm-OP, oder gar den Wahnsinn des Krieges? Lucius fragte sich, ob künftiges Glück zwingend nach vorangehendem Unglück verlange, um kostbar sein zu können. Klar war ihm nur eines: Er wollte das Glück zurück. Wenn alles gut ginge, dachte er, würden die Hermès und er gemeinsam ein Fanal für einen Neuanfang formulieren, eines Neuanfangs wovon und wofür auch immer.

Doch zu allererst verlangte Lucius' Leib erneut nach Wahrung seiner körperlichen Ehrenrechte, genauer gesagt, diesmal nach gründlicher Reinigung. Was die Dinge unerquicklich erschwerte, war die Tatsache, dass Lucius' völlig durchnässtes Unterhemd im Verlauf des Tages mit dem Darunter eine Art stoffliche Einheit eingegangen war. Quadratzentimeter um Quadratzentimeter musste er vorsichtig die leidgetränkte Baumwolle von seiner nach Luft ringenden Haut lösen. Die Befreiung aus der gegenseitigen Umklammerung glich einer Häutung bei lebendigem Leib. Schließlich bar aller Kleidung, wund an Haupt und Gliedern, und nur noch in einen daunendicken Schweißmantel gehüllt, trat er an die kleine Waschkommode heran. Es war unschwer zu erkennen, dass sie kein einfaches Schicksal gehabt haben konnte. Abgeplatztes Email, im eingelassenen Becken drei, vier hässliche tiefe Risse und eine abgeschlagene Kante in der Marmorumfassung, von angerosteten Armaturen und einem Ablauf, der gewiss schon manch Unangenehmes ungefragt hatte schlucken müssen, ganz zu schweigen. Blessuren, die Bände sprachen. Lucius schüttete etwas kaltes Wasser aus der Kanne, die Gäste bei der Ankunft als ein kleiner Gruß des Hauses auf dem Zimmer erwartete, in die Schüssel. Was hätte er nicht alles darum gegeben, seine Verzweiflung, Unmut und Wehmut einfach abwaschen und wegspülen zu können, als seien sie die blutigen Spuren verlorener jungfräulicher Unschuld. Doch der längst tief ins Gemüt eingebackene Grant auf das Geschehen des Vortages saß einfach zu fest. Lucius nahm sich also zusammen und säuberte sich von oben bis unten so gut, wie es unter diesen Umständen eben ging.

Erst jetzt fiel ihm im hintersten, finstersten Eck des Raumes ein schmaler, mannshoher alter Spiegel in einem schlichten, silbern schimmernden Rahmen auf. Einem heimlichen, unerwünschten Beobachter gleich schien er sich zu verstecken. Ein dicker Sprung verlief wie eine Narbe quer über sein mit dem Alter ergrautes Glas, das ungewollt einen gespaltenen Betrachter offenbarte. Beide, Betrachter und Ebenbild, fixierten sich für einige Sekunden in ihrem zwillingsgleichen Dasein, einer maximalen Schnittmenge von Wirklichkeit und Wahnvorstellung. Splitternackt trat Lucius näher an den Spiegel heran. Die Geringschätzung, die er dabei für sein Gegenüber empfand, war unübersehbar.

Aus Gründen, die er wie ein großes Geheimnis hütete, hatte Lucius – mit seinen fast 48 Jahren ein durchaus nicht unattraktiver Mann im besten Alter, wie man so sagt – trotz all seiner beruflichen Erfolge schon lange verlernt, sich selbst zu lieben, sich selbst im Innersten unbefangen anzunehmen. Die letzten Stunden taten ein Übriges, ihn in dieser abweisenden Haltung zu bestärken. Jetzt zwang ihn ein Spiegelbild zu beinahe selbstzerstörerischer Reflexion. Voller Verachtung sah er an sich herunter – mehr noch, er sah auf sich herab. Nichts, was ihm das alte Möbel vor Augen hielt, erfuhr Gnade. Zu dünn, zu dick, zu krumm, zu kurz, zu lang, zu hohl, zu farblos!! Lucius' Fäuste krampften vor stechender Wut, zähe Hoffnungslosigkeit ergoss sich über den völlig hilflos Gewordenen. Was geschah, glich einem Höllensturz.

Er atmete schwer. Kränkungen, teuflischer Spott, wohin er auch blickte. Selbst die alte Federzugleuchte auf dem Tischchen hinter ihm schien Lucius wie eine bösartige Karikatur seiner Befindlichkeit.

Arme ohne Spannkraft, Scharniere, die klemmten. Das fahle Licht der Glühbirne eine Metapher für seine Erschöpfung? Und das abblätternde Schwarz des Lampenschirms? Lucius' Lack war ab. Wie stand er in der Lebensmitte nur vor sich da?!

Lucius keuchte, als fliehe er vor den spitzen Zähnen eines blutstollen Höllenhundes oder der Gewalt eines alles mit sich reißenden tödlichen Zyklons. Erst langsam beruhigte er sich. Er griff in seine Reisetasche, holte eine frische Schlafanzughose heraus, zog sie an und setzte sich an die Hermès. Wie ein scheuer Junge sein erstes Mädchen berührte er beinahe zärtlich diese mächtige Erinnerung an Vaters Arbeitszimmer. Seine Fingerkuppen tasteten sich achtsam vorwärts, wie die eines Blinden über Braillezeichen. Buchstabe für Buchstabe von links nach rechts, von oben nach unten – auf der Suche nach Sinn. Schreibwalze, Zeilenschalthebel, Papieranleger, Farbbandgabel: Jedes Detail erlangte offenbar genau in diesem Moment eine besondere, geradezu existenzielle Bedeutung. Und als würde eine Arznei ihre erlösende Wirkung entfalten, verdrängte ein feines, warmes Empfinden die pelzige Gefühllosigkeit in Lucius' Fingern. War dies das Ende seiner Wahrnehmungs- und Sprachlosigkeit, seiner wörtlichen Betäubung?

Es wurde Zeit, sich auf Veränderungen einzulassen, niederzuschreiben, was einmal wichtig war. Es ging darum, sich Nähe zu fernen Dingen zu erlauben und Neugier auf das Zurückgelassene und auf das, was vielleicht sein würde. Als sei er schon wieder ganz bei sich, griff Lucius nach ein paar Blättern Papier, spannte den ersten Bogen in die Maschine und … »Ach, wenn es so einfach ginge, sich die eingezogenen Spreißel aus dem Leib zu schreiben«, raunzte er halblaut, halb hoffend, halb verzweifelnd. Das Wichtige zu erinnern ähnelte sehr der anstrengenden, höchste Konzentration erfordernden Aufgabe, ein 1000-teiliges Puzzle zu einem großen, bunten, stimmigen Bild zusammenzufügen – zu seinem Leben. Vielleicht, sagte er sich, wäre es einfacher, ab hier und heute mit frischem Atem neu zu beginnen und wie ein Neugeborenes gleichermaßen wagemutig und bedächtig mit kleinen Schritten die Welt zu erobern? Andererseits: Konnte ein Leben ohne Gestern, ohne jegliche Erinnerung an das Wesentliche des Vergangenen, wozu unerlässlich auch das Dunkle gehörte, eine helle Zukunft haben? Bei einem Kind hielt Lucius das für denkbar. Aber bei ihm, der bald ein halbes Jahrhundert an Erfahrungen und Geschichten mit sich herumtrug? Und schließlich: Vergessen ließ sich nicht erzwingen. Bestand nicht sogar die

Gefahr, je mehr man etwas zurücklassen wollte, desto mehr von ihm verfolgt zu werden?

Stirnrunzelnd stand Lucius auf. Er trat an das schmale Gaubenfenster heran, öffnete es und beugte sich hinaus. Die Nacht drückte ihm ihre Hitze wie einen weichen Schwamm ins Gesicht. Blinzelnd schaute er auf das schlafende Dorf. Der vom Meer her aufkommende Wind trieb seit etwa einer Stunde Wolke um Wolke über Malady und seinem Hinterland zusammen. Zeitweise verschwanden jetzt Mond, Straßen, Häuser und Gehöfte unter ihnen in tiefschwarzen Schatten. Nur der Kirchturm ragte wie in magisches Licht gerückt hellwach daraus hervor. Ein Zeichen? Doch wofür? Lucius stocherte im Dunklen nach Erkenntnis. »Das Dasein ist schwer zu interpretieren«, dachte er, »besonders nachts. Was wissen wir schon von der Welt, von den Dingen, die uns umgeben und die wir der Einfachheit halber für unser Leben halten?« Von draußen drang jetzt nur noch ein friedliches Schweigen in Lucius' Kammer. Jedenfalls nahm er kein Geräusch mehr wahr. Gähnend hockte er sich erneut an die Hermès, streichelte sie, umfasste seinen Hinterkopf und lehnte sich zurück. Ratlos sah er zur Decke. Wie sollte seine Lebensbeichte am besten beginnen? »Also, lieber Gott«, flüsterte er, »ich wär' soweit. Zeig's mir, wie Du es dem Zuckmayer gezeigt hast. Oder dem Zweig. Oder wenigstens wie der George Sand! Einfach ein paar schöne Sätze zum Einstieg. Etwas wie ›Am Anfang schuf ich Himmel und Erde.‹ oder so. Du weißt schon, was ich meine.« Dabei tippten seine Finger unablässig in die stickige Luft.

Minutenlang verharrte das (ein)gespannt wartende Papier auf Ausgangsposition. Nichts passierte. Nicht der Hauch einer Eingebung. Hatte er Gott überschätzt? Waren dem ewigen Schöpfer die Ideen ausgegangen? Zugegeben: Wie sollte aus Lebensleere und Lebenslügen ein Buch entstehen, das ihn erklärte? Sein Dasein schien Lucius seit gestern belanglos. Wen sollte es schon interessieren und warum? Sigmund Leid möglicherweise, den gefeierten Begründer der Lehre von der Bipolarität des Banalen? Was gäbe es schon zu sagen, was über den eigenen Dunstkreis hinaus Bedeutung besäße? Die Buchhandlungen und Bibliotheken waren voll von überflüssigen Existenznachweisen. Lucius' kurzfristige Erleichterung, sein Wunsch, die Dinge an- und auszusprechen, klug, unterhaltsam, ja für Interessierte mit Gewinn zu formulieren, war flugs wieder verflogen. Woher sollte die Energie für die Suche nach dem längst Vergangenen auch kommen und gar die Lust, das gegebenenfalls Gefundene mit Goldrand auszuschmücken? Früher, während seiner Jahre an der Universität oder in der Werbebranche, hätte er sich ohne Zögern frisch ans Wortwerk gemacht, dabei das eine oder andere mal bedächtig, mal waghalsig formulierend. Doch jetzt ging einfach nichts. Der Rausschmiss aus der Firma, die Enttäuschung über seinen engen Schul- und Studienfreund Heinrich, das ganze bittere Drumherum und dann auch noch diese alles versengende Hitze hatten Lucius in eine Art künstlerisches Koma versetzt, ohne Aussicht, daraus jemals wieder aufzuwachen.

Wäre alles anders gekommen, wenn er nicht nach den ersten glücklichen Ehejahren seine Frau und die beiden Töchter verlassen hätte, um Heinrichs Ruf nach Paris zu folgen? Seinen abrupten Abgang von der Familie hatte er mit dem begründet, was er hochtrabend als Primat der Poesie bezeichnete. Die Honorare und nicht unbeträchtlichen Erlöse aus seinen drei bis dahin sehr erfolgreichen Büchern – dem historischen Roman »Das kurze Leben eines Langobarden« und den beiden jungen Kinderbuchklassikern »Liesel, das Wiesel aus Zwiesel« und »Karl, der kahle Weihnachtskaktus« – ließen auch ökonomisch einen vitalen Neuanfang realistisch und machbar erscheinen, ja, sie versprachen eine durchaus wohltemperierte Bohème am Fuße des Montmartre oder in den Straßencafés des Quartier Latin, wo selbst das beiläufige Lächeln eines jungen Mädchens oder der aufreizende Anblick einer Flasche Absinth genügte, das Paradies vor Augen zu erahnen. Lucius' Denken und Tun vergnügte und begnügte sich in jenen Tagen also allein mit dem betörenden Duft streng schmeckender Gitanes, mit Hochprozentigem und der berauschenden Gier nach dem perfekten Literatenleben, kurz, mit der Sehnsucht nach der großen, weiten Welt ohne Filter. Darüber vergaß er alles andere. Später schickte er seiner Familie einen langen Brief, in dem er sein Verhalten entschuldigte, nein, rechtfertigte: »Die Welt ist doch wahrlich groß genug, dass alle darin Unrecht tun und haben können«, schrieb er. Und dass er für eine Verurteilung nicht zur Verfügung stehe.

Als aber Lucius' Hingabe an das Leben an den Ufern der Seine in der Folge zunehmend seltener auf Gegenliebe stieß, die Tantiemen aus seinen Buchverkäufen ausblieben, ebenso die Einladungen zu Partys und zuletzt auch die hübschen Frauen, erwachte er aus seinem Lebenstraum. Um ihn herum der harte Boden der Wirklichkeit, genauer gesagt, das abgescheuerte Parkett der winzigen Mansardenwohnung, deren einstigen Charme schon einer der Vorvormieter beim Auszug mitgenommen hatte, dessen schlecht schließende Fenster, Schimmel und Feuchtigkeitsflecken an den Wänden oder leckende Heizungsrohre ihn aber nie abgehalten hatten, die drei engen, in jeder Hinsicht schrägen Zimmer eineinhalb Jahrzehnte lang für ein Zuhause zu halten. Sein bis gestern bester Freund Heinrich, der sich wegen seiner Begeisterung für den Schriftsteller Henry Miller in Paris gern Henry nennen ließ, hatte ihn 1952 eingeladen, Enge und Miete mit ihm zu teilen. Und Lucius, selbst seit seiner Pubertät ein strammer Miller-Verehrer, war gekommen und bei ihm geblieben, wie einst auch – der historische Zufall wollte es so – der Übersetzer Alfred Perlès bei seinem Sinn und Sinnlichkeit suchenden amerikanischen Freund. Der Rest war Lethargie, oder, wie Lucius einmal selbstironisch meinte, Liturgie: die geradezu ritualmäßige Verehrung, ja Anbetung ihres als großer Amoralist gefeierten Lieblingsautors, der nur wenige Häuser und drei Jahrzehnte entfernt sich der Lust der Literatur und umgekehrt verschrieben hatte. Es erfüllte die beiden mit einer Mischung aus Ehrfurcht und Stolz, dass quasi in ihrer unmittelbaren Nachbarschaft Bücher wie »Schwarzer Wüstling« oder »Der Wendekreis des Deux Chevaux« entstanden waren. Deren laszives Leuchten und besonders Millers eigenwilliges Verständnis von Nächstenliebe hatten die beiden Ex-Freunde immer stark inspiriert.

Lucius quälten die aufgekommenen Erinnerungen an das lange geteilte Glück à la parisienne. Doch er zweifelte nicht daran, in der vergangenen Nacht das Richtige getan zu haben, als er die gemeinsame Wohnung für immer verließ. Langsam gelang es ihm, sich wieder in das unverändert leere Manuskriptpapier zu vertiefen. Das unruhige Scharren seiner Füße verriet, wie angestrengt er die erhoffte göttliche Eingebung für einen klugen ersten Satz herbeisehnte. »Genau auf einen solchen kommt es beim Schreiben nämlich an, auf den und einen packenden Titel.« Mehr sei, genau genommen, nicht erforderlich, um ein erfolgreiches Buch zu schreiben. Weitere textliche Ausführungen raubten Autoren wie Leserinnen und Lesern lediglich kostbare Lebenszeit. Das jedenfalls erklärte Lucius' langjähriger Bekannter Marcel Ben Boubou, ein Psychologe an der Pariser Sorbonne-Universität, schon 1962 in seiner Vorlesung über »Die Platonische Bibliothek – Werke ohne Worte«. Zwei Jahre später ging er sogar noch weiter als in jenem Vortrag. Er behauptete nämlich, belletristische Texte und auch manche Fachliteratur könnten ohne an Aussagekraft zu verlieren bereits auf den ersten, in jedem Fall auf jeden weiteren Satz verzichten, solange nur der Buchtitel sorgfältig gewählt werde. Aber das sei etwas für wahre Könner. Wie zum Beweis für die Richtigkeit dieser Annahme wurde sein im gleichen Jahr publizierter Tatsachenroman über den Marquis de Sade, »Der Schmerz über den nachlassenden Schmerz«, zu einem großen Verkaufserfolg. Obwohl Boubou in seinem Buch auf jegliche inhaltliche Darstellung verzichtete, überzeugte er Publikum und Literaturkritik mit der allein durch den Titel ausgelösten umfassenden Sensibilisierung für das vielschichtige subjektive Leiden eines Menschenschinders. Für seine kritisch-ästhetische Konstruktion wurde Boubou sogar mit dem Grand Prix Imaginaire der angesehenen École des Beaux Arts im belgischen Badeort Sansrime ausgezeichnet.

Dem Einstieg in seine eigenen biografischen Aufzeichnungen brachte Lucius all das wenig, mehr noch, nichts. Trotzdem ging ihm Boubous anfängliches Mantra nicht aus dem Sinn. »Die ersten Zeilen zählen, mon ami. Darauf kannst du gar nicht genug Sorgfalt verwenden. Stell' dir dein Buch einfach wie einen Vergnügungsdampfer vor, auf den du zahlende Passagiere locken willst. Wenn dein Schiff von außen aussieht wie Dutzende andere am Pier, wenn es vielleicht auch noch unter unbekannter Flagge fährt und niemand weiß, wohin – Warum sollte da jemand an Bord gehen? Also musst du den Leuten echte Abenteuer versprechen, Titanic-Feeling, verstehst du? Eine Kreuzfahrt ins Polarmeer mit nächtlichem Captain's-Dinner im kleinen Kreis im gut geheizten Rettungsboot zum Beispiel. Oder eine Expedition auf Humboldts Spuren den piranhaverseuchten Orinoco hinauf. Natürlich darf dein ›Lockruf‹ als Autor nicht mehr als zehn, elf, höchstens zwölf Wörter umfassen, Wörter, die man im Idealfall so noch nie vernommen und vor allem noch nie so empfunden hat. Das ist eigentlich schon alles, was einen starken Buchanfang auszeichnet. Für den Rest gilt seit jeher Mark Twains Regelwerk für gute Literatur: Verwende nur die richtigen Wörter und lass' zu diesem Zweck die falschen einfach weg.«

Aber woher sie nehmen und nicht stehlen? Lucius saß so eingebungs- wie emotionslos mit seinem Stuhl schaukelnd an der Schreibmaschine. Für lange bange Minuten schloss er die Augen. Kein Einfall, nirgends ein verwertbarer Impuls. Es sollte offenbar einfach nichts werden mit seiner Selbstbesinnung, allem bemühten Wollen zum Trotz. Enttäuscht, verärgert, mundtot und weil alles an ihm müde war, verlor er das Gleichgewicht, kippte mitsamt dem Stuhl nach hinten und schlug mit dem Kopf auf dem Boden auf. Nur gut, durchfuhr es Lucius noch, dass Heinrich jetzt nicht sehen konnte, wie sich sein einstiger Freund und Mitbewohner vor Schmerzen krümmte. Bestimmt würde der alte schadenfrohe Spötter wie oft bei ähnlicher Gelegenheit einen Sarkasmus bekommen und dabei nach verdorbenem Fisch stinkenden Hohn verspritzen. Reflexartig nahm Lucius die Arme vor die Brust und die Hände vors Gesicht, als wolle er sich vor derlei Bösartigkeit schützen. Dann verließ ihn das Bewusstsein.

Als er wieder zu sich kam, lehnte sein Kopf seitlich auf dem Schlitten der Hermès No.2, das rechte Ohr platt an die Walze gedrückt. Irgendwie, irgendwann im Verlauf der letzten Stunden hatte er sich offensichtlich wieder aufgesetzt. Er erinnerte sich nicht. Der eingespannte Papierbogen, der einzige glaubwürdige Zeuge des nächtlichen Geschehens, schwieg verknittert. Lucius lauschte angestrengt in sich hinein – vergeblich. Was war passiert? Nichts an ihm und um ihn herum schien ihm in diesem Moment mehr vertraut. War er am Ende? Null und nichtig, schlicht nicht mehr da? Verloren gegangen auf der Flucht vor sich selbst? Wie in Zeitlupe griff er zur Flasche, die er nach seinem spartanischen Imbiss am frühen Abend mit aufs Zimmer genommen hatte. Doch auch sie konnte nicht helfen. Sie war längst leer, leer wie er selbst – wenn man den Alkohol in seinen Adern außer Acht ließ. Lucius spürte unerträglichen Druck in seinem Schädel, die Stirn stand lichterloh in Flammen, und vor seinen Augen tanzte schwarzer, glühender Ascheregen. Er bekam kaum noch Luft.

Als sein Blick zufällig wieder zu dem Spiegel in der Zimmerecke zurückfand, glaubte er sich fragen zu hören: »Bin ich das, was ich sehe, oder ist es ein anderer, der sich für mich ausgibt? Bin ich vielleicht nur ein herrenloses Hirngespinst, die Fieberfantasie eines Fremden, weniger als der Schatten meiner selbst?« Lucius' mentale und physische Erschöpfung, der billige Wein, den er in sich hinein geschüttet hatte, und, natürlich, die Ereignisse seit seiner Entlassung am Vortag verstärkten sich gegenseitig in ihrer Wirkung und gaukelten ihm ein reales Vexierbild vor. Ob es eine Wahrheit verbarg? Es war nicht zu erkennen.

Lucius gab auf und fand sich schließlich mit dem Glauben ab, dass da, ihm gegenüber, einsam und in ein schummriges Halbdunkel eines unwirtlich-unwirklichen Raumes abgeschoben, auf einem einfachen Holzstuhl nicht er, sondern der ihm ein wenig ähnelnde reiche irische Exzentriker Oscar Wilde-Berry saß, der schon in jungen

Jahren seine Bestimmung darin gefunden hatte, seinem berühmten Zeitgenossen, dem Dichter und Bonvivant fast gleichen Namens, in Leben und Werk bis ins Kleinste nachzueifern und ihm wie ein liebender Schatten zur Seite zu stehen. Sein autobiografisch gefärbter Roman »Fifty Shades of Dorian Gray«, ein umfassendes papiernes Plädoyer gegen die Prüderie der lustscheuen Gestalten des britischen Landadels und des bigotten Königshauses, legte davon auf über 300 Seiten beredt Zeugnis ab. Die Ächtung, die er und sein Meister in den letzten Lebensjahren dafür und weil sie sich auch in der wirklichen Welt zu nahe gekommen waren erfuhren, ertrug Wild-Berry bis zum Ende mit Würde. Gemeinsam, nur durch eine unversperrte Zwischentür ihrer Zimmer getrennt, nahmen er und das geliebte Idol, der unsterbliche Dandy aus Dublin, am letzten Novembertag des Jahres 1900 im Hotel d'Alsace in Paris auf ewig Abschied von ihrem Schmerz – krank, gebrochen, an der Menschheit irre geworden. Zurück blieb auf beider Nachttisch ein Glas entperlten Champagners.

Ängstlich, als streiften sie durch einen dunklen, verwunschenen Zauberwald, verirrten sich Lucius' Gedanken noch eine ganze Weile immer tiefer in dem zersprungenen Spiegel. Seine allererste Erzählung, die er vor mehr als zwei Jahrzehnten geschrieben hatte, kam ihm unvermittelt in den Sinn: die historische Skizze »Das kurze Leben eines Langobarden« über deren Heerführer Walthari aus dem 6. Jahrhundert. Das Buch endete mit dem Satz: »Das letzte Wort hat immer der Tod ...« Einen Augenblick lang schien es, als würde durch Lucius ein Ruck gehen und sein Kopf wieder klar werden. Seine Finger glitten plötzlich für Sekunden wieder wie von selbst über die Tastatur der Hermès-Schreibmaschine. Doch schon nach den ersten Wörtern fiel es ihm schwer fortzufahren. Fast jeder Anschlag zwang ihn, eine kurze Pause einzulegen: »S.t.i.l.e T.ag.e . ., mei.n ... . Atemm ver. . weht.« Mehrmals verschrieb er sich, ohne dies zu bemerken. Bevor er einen zweiten Satz beginnen konnte, fielen ihm erneut die Augen zu. Später dann, mitten in hoch aufschäumenden Träumen, sah es aufs Erste so aus, als sei er doch aufgewacht, um sich seine Vergangenheit zurückzuholen. Seine nur leicht geschlossenen Lider zuckten jetzt nervös, während sein Herzschlag im Takt das Erinnern diktierte, Zeile um Zeile, Seite um Seite, wie befreit, wie besessen: Blindtext.

Schlagabtausch | Adjöh, Messjöh!

Nicht nur die extreme Hitze in der Hauptstadt macht Lucius zu schaffen. Bei der Präsentation des Kampagnenkonzepts für eine neue rechte Partei brüskiert er deren Gründer, worauf ihn sein Arbeitgeber, das Beratungsunternehmen Rob S. Pierre, fristlos entlässt. Wenig später sorgt sein alter Freund Heinrich für einen weiteren Tiefschlag. Lucius verlässt daraufhin noch in der Nacht die gemeinsame Wohnung.

Paris, einen Tag vor Lucius' physischem und psychischem Zusammenbruch. Die extreme Hitzewelle lässt das Straßenpflaster Blasen schlagen, beinahe wie im heißen Mai der Studentenunruhen im Jahr zuvor. Zwischen Caen und Cannes, vom französischen Ärmelkanalufer bis zu den Mittelmeerstränden war seit rund 20 Wochen kein Regen mehr gefallen. Unerträgliche Temperaturen hielten die Menschen in einem überdimensionalen Schwitzkasten fest und brannten sich unter dem verharmlosenden Pseudonym »Hoch Vladimir« ein bisschen verbrämt, aber unauslöschlich in die Wetterchroniken ein. Laune, Lachen, Lebenslust – alles erstarb. Das ganze Land wirkte vertrocknet, ja pulverisiert. Der Chefmeteorologe des staatlichen Fernsehens, Gerard Grenouille, der sonst während seiner Sendungen vor einer großen Wetterkarte springlebendig wie ein Laubfrosch im Einmachglas die Hochs und Tiefs, die Isobaren und die Aussichten für die nächsten Tage erläuterte, witzelte in seinen Vorhersagen nur noch hilflos über »Vladimir, den Würger«, der den Menschen den Atem raube. Heiterkeit löste er mit seinen Sprüchen allerdings nur noch bei einigen Masochisten in der Pariser Maoisten-Szene aus. Sie freuten sich revolutionär erregt wie wahnsinnig darüber, dass die V. Republik allmählich zu ersticken schien.

Das Wasser, das die Fahrzeuge der Stadtreinigung frühmorgens, mittags und am späten Nachmittag auf die Straßen spritzten, um wenigstens für einen kurzen Moment bei den Passanten die Illusion von Kühlung zu nähren, verdampfte noch bevor auch nur ein Tropfen davon das kochende Trottoir erreichte. Die massiven gusseisernen Stützen des Viadukts an der Métrostation, an der Lucius wie beinahe jeden Werktag auf dem Weg in die Arbeit auch heute ausstieg, glühten und ächzten und drohten, sich unter dem Gewicht der schweren U-Bahnzüge, die sie in den Himmel stemmten, gefährlich zu verbiegen. Während er heftig schwitzend den Boulevard de la Villette hinunter eilte, waren ihm seine Gedanken schon zwei, drei Stunden voraus. Ein außerordentlich wichtiges Kundengespräch stand am Nachmittag an. Dessen gedankliche Vorbereitung beanspruchte Lucius' Konzentration so stark, dass er versehentlich fast bis zur Rue Oberkampf lief, wo die Europa-Zentrale des weltweit agierenden Finanzdienstleisters »Rosserys & Mitchell« stand, für den er früher einmal gearbeitet hatte. Als Lucius bemerkte, wo er war, machte er auf dem Absatz kehrt, ging den Weg rasch zurück, holte noch Unterlagen aus seinem Bürosafe und begab sich dann in den Großen Konferenzsaal der Werbeagentur »Rob S. Pierre Publicité Consulting«. Dort warteten bereits sein Chef, Matéo Pierre, ein Ururusw.enkel des Firmengründers, und einige Mitarbeiterinnen, um ihr weiteres Vorgehen abzustimmen.

Monsieur Pierre, ein ebenso eitler wie grandioser Kommunikator mit zwei kostspieligen Ferrari Testosterossa in der Garage – wegen des Interesses, das die teuren Fahrzeuge bei weiblichen Partybekanntschaften weckten, nannte er sie neckisch seine beiden »Abschleppwagen« – erwartete heute Übermenschliches von seinem Kreativteam, denn es ging um ein gewaltiges Budget. Das PR-Konzept musste unbedingt überzeugen. Im Mittelpunkt des erhofften lukrativen Auftrags stand die kommunikative Beratung und Begleitung eines viel versprechenden Politikers, der mit einer neuen Partei die Macht im Lande anstrebte. »Lucius«, feuerte Monsieur Pierre seinen besten Mann an, »wir brauchen etwas wirklich Großes! Wie 1962. Wissen Sie noch? Unsere Imagekampagne für die Fremdenlegion? Das war ein Slogan! Den haben die uns damals förmlich aus der Hand gerissen: ›Komm zu uns, reise um die Welt, begegne interessanten Menschen – und bring' sie um!‹« Monsieur Pierres Gesicht begann sich vor Stolz zu röten: »Das nenne ich Werbung voll auf die 12. Also, Leute, allez, frisch ans Werk!« Dabei hob er die geballten Fäuste, wie das so nur wirkliche Chefs können. Lucius begann zu ahnen, der Tag könnte heißer werden als Grenouille es angekündigt hatte.

Im Geist warf er noch einen letzten prüfenden Blick auf alle Overhead-Folien, Charts und die Muster für Werbeartikel. Es war nicht der erste Großauftrag, den er an Land ziehen würde, aber der erste, der ihm angesichts des Kunden heftige Magenschmerzen bereitete. Schon früher hatte er ab und zu überlegt, ob die PR-Branche für einen Idealisten wie ihn wirklich das Richtige sei. Sein Freund Heinrich, ein ziemlicher Zyniker, zog ihn dann gern mit der Frage auf, wofür das PR in seinem Job denn eigentlich stehe. Und natürlich gab er auch gleich selbst die Antwort: für PRostitution. Dann kugelten sich beide vor Lachen, obwohl Lucius keineswegs immer danach zumute war. Heute schob er diese Gedanken beiseite. Das Projekt, um das es ging, versprach für die Firma, auch für ihn persönlich, landesweit Aufmerksamkeit, vor allem aber einen Riesenetat, das Manna des Marketings. Gegen 16 Uhr sollte die Entscheidung fallen. Er beabsichtige, hatte der Kunde gesagt, mit seiner neuen Partei nichts weniger, als »auf dem politisch unfruchtbar gewordenen Boden Frankreichs tabula rasa« zu machen und auf dieser Grundlage »blühende Landschaften« entstehen zu lassen: »Koste es, was es wolle.« Agenturintern war man sich zwar hinter vorgehaltener Hand einig: »Alles Kohl!« Dennoch durfte der Zuschlag keinesfalls an die Konkurrenz gehen. Es ging um zu viel. Wie stets in solchen Situationen gab Pierre den smarten Croupier: »Messieurs dames, faites vos jeux! Machen Sie Ihr Spiel!« Die Roulettekugel rollte.

Die Stunde der Wahrheit kündigte sich gänzlich undramatisch an. Monsieur le Directeur Pierre, Lucius und zwei seiner Kolleginnen aus der Werbegeschenkeforschungsabteilung empfingen zur vereinbarten Nachmittagsstunde im holzgetäfelten Besprechungsraum mit eingeübt einnehmendem Lächeln ihren Klienten: Jean-Marie Le Pendant. Ohne große Umschweife kam er gleich zur Sache. Seine erklärte Absicht sei es, ein Gegenstück zu den etablierten Systemparteien zu erschaffen, bei den nächsten Parlamentswahlen die Mehrheit der Sitze zu erringen, unklare Abstimmungsergebnisse notfalls durch geeignete Maßnahmen nachjustieren zu lassen und den erst im Sommer gekürten Präsidenten »Georges Pompadour, diese Maitresse des Mittelmaßes«, wie er Pompidou verhöhnte, so schnell wie möglich hochkant aus dem Elysée-Palast hinauszuwerfen – »falls nötig, auch mit den Füßen zuerst.« Da das Echo auf Le Pendants Feixen in der Runde verhalten ausfiel, setzte er nach: »Dann kann Frankreich in der Welt endlich wieder seinen Rang als Grande Nation einnehmen. Mein Leitmotiv lautet deshalb: ›La France d'abord – Frankreich zuerst‹.« An keiner Stelle seines Vortrags ließ der politische Emporkömmling von rechtem Schrot und Korn Zweifel an seinen Absichten aufkommen – die Zukunft des Landes stehe und falle mit dem Erfolg seiner neuen Partei, dem Affront National. Vom Endsieg und der Macht im Lande trenne ihn jetzt nur noch ein schlagkräftiges Image, die richtige Strategie und dieses Gespräch bei der für ihre revolutionären Ideen bekannten Firma Rob S. Pierre. Ungeduldig brüllte es aus Le Pendant heraus: »Pierre! Zeigen Sie, wo Marianne den Most holt! Liefern Sie! Ich erwarte Ihre Vorschläge.«

Auf einen dezenten Wink seines Chefs hin breitete Lucius auf dem riesigen Besprechungstisch einen noch riesigeren Aktionsplan aus. Unter dem Arbeitstitel »Kraft durch Freunde« hatte die Agentur ein emotionales Feuerwerk der Parolen und Produkte erarbeitet, das der neuen Partei und ihrem Gründerkopf helfen sollte, zunächst die wichtigsten Rathäuser und Départementverwaltungen mit den eigenen Leuten zu besetzen, dann die Nationalversammlung und schließlich das höchste Staatsamt zu erobern. Ein ausgeklügeltes Handbuch für Wahlkämpfe, Leitfäden für die politische Praxis sowie ein Bündel an Vorschlägen für einen »geschenkebasierten Stimmenfang«, wie Lucius es nannte, warteten nur auf Le Pendants Zustimmung. Aber der war nicht zuletzt durch seine militärischen Sabotageeinsätze während der Algerienkrise ein Jahrzehnt zuvor ein harter Hund geworden. In stark angeheitertem Zustand hatte er sich sogar einmal in einem Fernsehinterview gerühmt, 1961 auf General de Gaulle einen, wenn auch fehlgeschlagenen Anschlag verübt zu haben. Er habe nämlich versucht, dem damaligen Staatsoberhaupt während eines kurzen Innehaltens bei einem nächtlichen Spaziergang unbemerkt aus einem Gebüsch heraus die Schnürsenkel zu verknoten, um ihn so zu Fall zu bringen. Unglücklicherweise, so Le Pendant, sei der Plan aber verraten worden, denn auf dringendes Anraten seiner Leibwächter trug de Gaulle in jener Nacht Slipper. Es kam, wie bekannt, nicht zum Sturz und Algerien wurde in die Unabhängigkeit entlassen. Nach diesem Interview verschwand Le Pendant für längere Zeit vom Bildschirm.

Kaum ein Jahr später, gerade ins öffentliche Leben zurückgekehrt, sorgte er als Vizepräsident der Reiterassoziation Frankreichs (RaF) zunächst unter Tierfreunden, dann auch in den Medien für einen Aufschrei. Er forderte nämlich die Einführung sogenannter Blessurreitturniere mit extra hohen Hindernissen. Dieses Reglement würde für mehr Nervenkitzel sorgen, dem Pferdesport neues Publikum und den Veranstaltern zusätzliche Werbeeinnahmen in Millionenhöhe erschließen, diktierte er damals der Pressemeute in die Blöcke und Mikrofone. Als er außerdem vorschlug, für die Finalkämpfe dieser Wettbewerbe, das sogenannte Stechen, Anleihen beim Stierkampf zu nehmen, lösten seine Gewaltphantasien auch in der breiten Öffentlichkeit einen Sturm der Empörung aus. Le Pendant zog es deshalb vor, für einige Zeit eher im Hintergrund zu wirken. Doch vor etwa sechs Wochen tauchte er nun plötzlich bei »Rob S. Pierre Publicité Consulting« auf, um im Rahmen eines informellen Treffens dem Firmenchef sein neuestes Lebenselixir vorzustellen: den nachhaltigen Wunsch, gesellschaftlich Karriere zu machen und Frankreich vor dem Untergang zu bewahren. Begleitet wurde Le Pendant damals wie heute von der früheren Erotikkolumnistin beim Hochglanzmagazin »L'Excès«, Jolene Jouet, die er als seine designierte Regierungssprecherin vorstellte. Sie selbst deutete bereits seit geraumer Zeit gegenüber dem Politfeuilleton ihren bevorstehenden Wechsel ins, wie sie formulierte, »ernsthafte Fach« an – was die junge Satirezeitschrift »Le Cannibale enchainé« zu dem Kommentar inspirierte, dass die für ihre Offenherzigkeit bekannte Journalistin, im besten Sinne eine Busenfreundin Le Pendants, lediglich den Regen mit der Traufe vertausche.

»Kommen Sie zur Sache!«, kommandierte das selbsternannte Wähleridol barsch, nachdem Lucius bereits eine gute Stunde vorgetragen hatte, auf welchen gesellschaftlichen Daten, Analysen und Annahmen sein PR-Konzept beruhte. »Wie Sie befehlen, mon General!« Lucius' Ironie hielt nicht lange vor. Die Agenturtruppe spürte den Druck und startete jetzt ein argumentatives Trommelfeuer: »Hier ist zunächst ganz klassisch, als Grundlage Ihres Wirkens, eine Art reduziertes Parteiprogramm: zehn starke Argumente, warum die Menschen Sie wählen sollen. Dieses Thesenpapier haben wir in einem neuen, exklusiv für Sie kreierten Farbton gestaltet. Wir nennen ihn Marine-Bleu, nach Ihrer Tochter, oder auch Neues Nationales Blau. Entsprechend schlagen wir als Programmtitel vor: ›Die blauen 10 Gebote‹. Die Aussagen sind leicht verständlich, selbstverständlich. Ihre Quintessenz findet sich am Ende jeder Seite zum Ankreuzen, Ausschneiden und Sammeln. Sie lautet: ›Du sollst keine andere Partei neben uns haben!‹ Mit dieser Tonlage sprechen Sie nach unserer Überzeugung schon mal den Großteil der christlich geprägten Wählerschaft an. Für alle, die tiefer einsteigen wollen, benennen wir die komplexen Probleme unseres Landes, geben darauf jeweils einfache Antworten und empfehlen in der Folge den Leserinnen und Lesern, ihre Stimme Ihrer Partei zu geben. Natürlich haben wir für Ihre Kandidaten und Kandidatinnen ...« – »Haben wir keine«, warf Le Pendant herrisch ein, »ich hasse Damenwahl!« – »... eine Handreichung zusammengestellt. Dabei handelt es sich um knapp 20 Halbsätze, die sie im Wahlkampf nur immer und immer wieder unters Volk streuen müssen. Das schafft sogar, entschuldigen Sie, der Dümmste ihrer

Mitstreiter spielend. Es ist, wie man so schön sagt, die halbe Miete. Ergänzend dazu halten wir es für sinnvoll, auch vor unbedeutendsten Lokalwahlen in der Hauptstadt die Champs-Élysée, den Triumphbogen sowie den Eiffelturm zwei Wochen lang allnächtlich in Neuem Nationalen Blau zu illuminieren. Natürlich brauchen wir dazu von der Pariser Stadtverwaltung grünes Licht. Nicht zuletzt denken wir daran, die Leuchtfeuer am Atlantik und entlang unserer anderen Küsten im entsprechenden Blau aufleuchten zu lassen. Was halten Sie davon, Monsieur?«

Fünf Augenpaare blickten gespannt auf das sechste, das zu dem Mann am Kopfende des Tisches gehörte. In Lucius Schläfen pochte es. Glücklicherweise war sein Arsenal an Argumenten noch gut gefüllt: »Wichtig ist es außerdem, den Leuten etwas zum Spielen für ihre Kinder zu geben. Wir dachten unter anderem an mit Lachgas gefüllte Luftballons in Neuem Blau. Sie ersetzen im wahrsten Sinne des Wortes spielend unnötige, nervenraubende Gespräche am Wahlinfostand. Gleichzeitig erscheinen Sie, beziehungsweise Ihre Parteifreunde, die um Stimmen werben, automatisch in einem sympathischen, kinderfreundlichen Licht. Damit sind Ihnen schon mal die Herzen der meisten Mütter so gut wie sicher. Und wir haben keinen Zweifel, dass sich selbst viele von diesen langhaarigen Hippie-Vätern für Sie entscheiden – es sei denn, es sind verkackte Kommunisten oder bockige Studenten oder beides. Und falls die Ballons doch einmal platzen sollten, haben Sie zumindest die Lacher auf Ihrer Seite.«

Lucius, dem bei seinen Aussagen immer unwohler wurde, und vor allem Monsieur Pierre beunruhigte die spürbar wachsende Ungeduld Le Pendants, der kurz zögerte, dann aber unzufrieden auch diesen Vorschlag ablehnte: »Non, non. So geht das nicht. Wenn wir Pech haben und die Schmierfinken der linken Journaille das in den falschen Hals bekommen, dann ist da schnell die Luft raus. Lachgas ... Am Ende behaupten diese Falschmelder noch, ich wäre kein ernsthafter Kandidat. Das ist so lächerlich! Hoffentlich haben Sie noch Überzeugenderes in Ihrem kreativen Köcher.«

Rob S. Pierres Denkfabrik übertraf sich bei diesem Projekt selbst. »Wir schalten selbstverständlich Werbung in den großen Blättern, im Radio und im Fernsehen. Was halten Sie außerdem von einer Schallplatte mit Schlachtgesängen für wahre Fans?« Lucius war nicht zu bremsen: »Mir hallt es schon im Ohr wider: ›Allez, allez, vive le Marine-Bleu!‹« Auch diese Idee provozierte nur ein müdes Lächeln auf Le Pendants Gesicht. Aber dann, ein echter Coup. Man sei, log

Lucius listig, bereits mit dem Komponisten und Musikproduzenten Serge Gainsbourg einig, eine neue Version seines derzeit mit Jane Birkin weltweit für Skandale sorgenden Chansons »Je t'aime ... moi non plus« einzuspielen. »Wir stellen uns«, erklärte Lucius, »selbstredend eine nationalstolze Version vor, bei der keine dahergelaufene Engländerin, sondern nur eine waschechte Französin und unbedingt Sie höchstpersönlich, Monsieur Le Pendant, den Gesangspart übernehmen dürften.« Lucius drehte eine Überredungspirouette nach der anderen: »Stellen Sie sich das bitte einen Moment lang plastisch vor: Sie im intimen Duett mit der zauberhaften France Gall, die wie eine Wachspuppe in ihrem grenzenlos heißen Begehren vor Lust nur so tropft. Während sie sich also politisch gesehen Ihnen hingibt, hört man dieses zarte Geschöpf stöhnen und keuchen: ›Viens, viens, komm, komm, steh' mit dem Neuen Blau!‹ Also mehr Verführung geht nicht. Die Französinnen, vor allem die reiferen, werden Sie auf Händen zu ihren Betten tragen wollen – jede Wette.«

Le Pendant legte nachdenklich seine Stirn in Klügelfalten. Da setzten schon die beiden Produktentwicklerinnen – die Gimmick-Girls, wie sie im Hausjargon hießen – das Werbemittelstakkato fort und stellten die nächste Idee vor: ein raffiniertes Spiel, so simpel wie genial. Es bestand aus einem ledernen Knobelbecher und zwei Würfeln, sämtlich in Neuem Nationalen Blau gehalten. Der Clou des Spiels: Jede Seite eines Würfels war entweder mit fünf oder mit sechs Augen bedruckt. Wer einen Sechser-Pasch warf, gewann automatisch ein Jahr kostenloser Mitgliedschaft im Affront National. Wessen Augenzahl darunter lag, durfte nochmals würfeln. Le Pendants Stimmung hellte sich erkennbar auf. Für Lucius' Chef schien jetzt der Zeitpunkt gekommen, den, wie man in der Branche sagte, Fangschuss zu setzen: »Und weil wir wissen, wieviel Sympathien Sie, mein verehrter Monsieur Le Pendant, und Ihre klaren Überzeugungen bei den bodenständigen Menschen zunehmend gerade auch im Süden unseres Landes genießen, haben wir uns erlaubt, absolut unabhängig vom Ausgang unseres heutigen Gespräches, auf unsere Kosten in Vorleistung zu gehen. Vielleicht haben Sie es ja schon gestern in den Fernsehnachrichten gesehen oder heute früh in den Zeitungen gelesen: Die Provence leuchtet seit Mittwoch nicht mehr im klassischen Violett, sondern in einem strahlenden Neuen Blau des Vertrauens. Wir haben dafür ausgesuchte Lavendelfelder in einer sehr aufwendigen Nacht-und-Nebelaktion farblich entsprechend besprühen lassen. Übrigens wird der uns gewogene ›Matin du Midi‹

morgen sogar in einer kostenlosen Extraausgabe darüber berichten. Ist doch grandios, nicht wahr, Monsieur?« Le Pendant nickte: »Chapeau! Respekt! Grand esprit!«

Während der länger zurückliegenden Auseinandersetzungen mit der Politik de Gaulles galt Le Pendant, damals ein ambitionierter junger Mann von stämmiger Statur, als eine leicht phimosenhafte, zwielichtige Figur, die zwar in gewissen Situationen schnell erregt reagierte, aber letztlich doch nicht so leicht aus der Haut fuhr. Wie würde er sich heute verhalten? Pierre und sein Team tauschten angespannt Blicke. Immerhin, zum ersten Mal wirkte ihr Kunde heute nicht unzufrieden. Le Pendant deutete auf Lucius: »Nicht schlecht. Wirklich nicht schlecht, mes amis. Aber können Sie garantieren, dass mich künftig tatsächlich jeder und jede Wahlberechtigte kennen und lieben und jede Wahlnacht zu meiner machen wird?« Da schoss es aus Lucius heraus, als würde alles Pulver seiner Präsentation unkontrolliert auf einmal zünden und seine professionell, wenn auch mühsam verborgene Abneigung gegen die Person Le Pendants in einem einzigen Augenblick mit einem Höllenknall explodieren: »Lassen Sie uns Ihr Konterfei doch einprägsam in den Eingangsbereichen der öffentlichen Toiletten unseres Landes platzieren, dazu in enger Abfolge an allen wichtigen Straßen und Plätzen, in jeder staatlichen Behörde und in den kommunalen Ämtern. Da muss jeder mal hin. Und außerdem sollten wir Plakate mit Ihrem Kopf in Überlebensgröße an jede Laterne knüpfen. Das wäre doch das Richtige für Sie. Das entspräche genau Ihrem revolutionären Ansinnen und sorgte für angemessene maximale Aufmerksamkeit. Die Menschen müssten zu Ihnen aufblicken, und ich bin sicher, die meisten würden jubeln, wenn sie Sie hängen sehen.«

Totenstille. Man konnte das Quecksilber im Zimmerthermometer fallen hören. Etwas Ungesagtes erfüllte im Bruchteil eines Augenblicks den gesamten Konferenzraum. Lucius glaubte sogar, Schwefelgeruch zu vernehmen. Dann flogen die Fetzen. Le Pendant fegte wie von der Tarantel gebissen das vor ihm ausgebreitete Arbeitspapier samt zahlreicher anderer Unterlagen und einer vollen Kaffeetasse vom Tisch, stieß einen wüsten Schrei aus und schäumte wie eine unvorsichtig geöffnete Flasche »Veuve Clicquot Brut«: »Lucius! Sie hirnverbrannter, verdammter Idiot! Sie Kretin! Sie dumme Anarchistensau!« Rumpelstilzchengleich tobend stieß Le Pendant beim Aufstehen seinen Stuhl um, eilte zum Ausgang und rief, während er fast die Klinke aus der Türe riss: »Melden Sie sich, Pierre, wenn Sie diesen Bastard gefeuert haben! Ich gebe Ihnen eine Woche. Sie erreichen mich jederzeit außer Sonntagvormittag. Da habe ich immer meinen Jour Kruzifix mit Kardinal Riche-Lieu. Ich glaube, ich kann ihn überzeugen, uns wenigstens für ein Kirchenjahr den Erlös ausgewählter Opferstöcke im Bistum von Groß-Paris für den guten Zweck zur Verfügung zu stellen. Für alle Fälle habe ich ihm schon mal das Religionsministerium in Aussicht gestellt.«

Als Le Pendant das Weite gefunden hatte, richtete Monsieur Pierre in Ermangelung einer bereitliegenden Schuss-, Hieb- oder Stichwaffe das Wort gegen Lucius: »Packen Sie Ihre Sachen, ich will Sie hier nicht länger sehen. Melden Sie sich umgehend bei Madame Louise in der Personalstelle. Sie Dummkopf, Sie sind gefeuert!« Dann wurde er richtig gemein, hundsgemein: »Am besten, Sie tun sich mit diesem jüdisch-deutschen Rotschopf an der Universität zusammen, diesem Banditen Daniel Kohn oder wie er heißt und seinem chilenischen Revoluzzerkumpan, dann können Sie wieder Pflastersteine werfen und unser schönes Frankreich in Trümmer legen. Sie waren doch schon immer einer dieser Träumer, die nur auf Sex, Krawall und Umsturz aus waren. Oder nicht? Noch besser, Sie gehen dorthin, wo Sie hingehören, weit hinter die Siegfried-Linie. Die gibt's doch bestimmt noch. Ihr Deutsche hebt doch alles auf. Selbst die Nazis!« Als ob diese mühelos Feuer und Schwert ersetzende Suada nicht schon gereicht hätte, Lucius moralisch vierzuteilen, setzte Monsieur Pierre, alle Verdienste Lucius' um die Firma vergessend, noch eines drauf und ließ seiner ganzen Abneigung gegen alles Rechtsrheinische ungebremst freien Lauf. Den Arm wie zum deutschen Gruß gehoben, verwies er in einem finalen Triumph sein Opfer des Hauses, nicht ohne ihm mit einem an Geringschätzung nicht zu überbietenden Accent hautgout deutschelnd hinterherzurufen: »Adjöh, Messjöh! Auf Nimmärwiedärsähn!! Heil!!«

Das war das Ende. Es blieb nicht einmal mehr Zeit, ehrenvoll zu kapitulieren. Lucius bisheriges Leben . . einfach verpufft. Madame Louise, Mitinhaberin der Agentur und gegenwärtig Pierres favorisierte Geliebte, pflegte einen nicht minder schneidenden Ton im Gespräch, wenn sie sich denn überhaupt zu einem herabließ. Wegen ihrer Überheblichkeit, vor allem aber wegen der hautengen Blusen und Röcke , die sie sehr zu Monsieur Pierres Freude trug, hieß sie in der Belegschaft nur die scharfe Louisette – wie das Fallbeil zur Zeit der Revolutionstribunale. Ihren Nachnamen kannte niemand im Haus. Wer ihn doch einmal las, war praktisch schon verloren, stand zumindest von heute auf morgen ohne Job auf der Straße. Auch Lucius wusste, was ihn nun erwartete. Auf dem Flur vor Louise' Büro, das alle nur das Schafott nannten, tupfte er sich noch einmal den Angstschweiß von der Stirn, dann trat er ein. Mit gesenktem Haupt, wie ein zum Tode auf der Guillotine verurteilter Verbrecher, nahm er widerstandslos seine Arbeitspapiere entgegen, drehte sich um und ging. Kopflos irrte er minutenlang durch die Flure der Firmenzentrale, bis er endlich vor der Milchglastür mit seinem Namen stand. Er trat ein letztes Mal ein, packte alles Persönliche in einen grauen, einer schlichten Graburne ähnelnden Karton, und verschwand spurlos, wie ein in Schwefelsäure aufgelöstes Opfer der Mafia.

Feierabend! Für immer. Ohne noch einmal zurückzuschauen, ließ sich Lucius vor dem Firmeneingang von der vorbeiströmenden Menschenmenge mitreißen und bis zu der Métrostation treiben, an der er auf dem Weg in die Firma vor ein paar Stunden ausgestiegen war und deren Name ihn jetzt kurz stutzen ließ: Stalingrad. Er holperte die Treppen zu den Schließfächern hinunter. Ohne wirklich zu wissen, was er gerade tat, verstaute er seine Sachen in einem der Spinde, verschloss ihn und steckte den Schlüssel in die Jackentasche. Dann stieg er wie ein Apnoe-Taucher, dem die Luft knapp wird, so schnell wie möglich wieder an die Oberfläche. Sein Delirium klang langsam ab und so beschloss er, den Ort des nachmittäglichen Gemetzels, das gepuderte Paris der unbarmherzigen Geschäftswelt, der ökonomischen Farcen, Fatzken und Fiaskos, mit dem gebotenen Abstand von oben zu betrachten – so wie er es in den zurückliegenden eineinhalb Jahrzehnten nach Büroschluss oftmals getan hatte, einfach um abzuschalten. Manchmal auch, um an seine Töchter, seine Frau und die Eltern zu denken, die er in Momenten wie diesem schrecklich vermisste.

Nun also: Sacré-Coeur, die weiße Basilika, die seit mehr als einem halben Jahrhundert über Paris thronend für moralische Erneuerung stand, lag nicht allzu weit entfernt. Ein stilles Plätzchen abseits des Touristenrummels, ein guter Schluck und Gelegenheit zu mentaler Einkehr würden sich finden lassen. Das einsetzende Glockengeläut zur 6-Uhr-Mette machte Lucius Hoffnung. Schnell holte er sich noch in der gerade erst eröffneten Filiale der Schnellimbisskette »McBoulette« am Fuß des berühmten Kirchenbergs eine Kleinigkeit zu essen. Seit dem Frühstück war keine Zeit geblieben, etwas zu sich zu nehmen. Noch während er die Stufen zum Geheiligten Herzen der Hauptstadt hinaufstieg, wickelte er hastig das schaumgummiartige

Brötchen aus dem Papier und biss hungrig in dessen luftige Leere hinein. Als ihm dabei Ketchup über die Handflächen lief, glaubte er für den Bruchteil eines Augenblicks darin die Wundmale Christi zu erkennen. Aber niemand trieb Nägel durch seine Hände, und das Blut des Herrn schmeckte unorthodx süß. Es war einfach nicht Lucius' Tag.

Etwas klarer im Kopf brach Lucius nach einer halben Stunde voller vergeblich sinnsuchender Blicke über die Stadt die missglückte innere Einkehr ab. Er hielt es für besser, in einem der Lokale der näheren Umgebung Erlösung zu suchen und die frischen seelischen Wunden mit hochprozentigem Alkohol zu desinfizieren. Ein Straßencafé, ein Bistro, eine Kaschemme, zwei Promi-Bars und ebenso viele Promille später steuerte Lucius mit sicherem Schritt, soweit man dies so nennen konnte, das »Chez Medusa« an, sein zweites Wohnzimmer, wie er das Lokal gerne nannte. Hier begoss er sonst mit Heinrich oder den Damen und Herren aus der Firma gern berufliche Erfolge oder andere schöne Dinge des Lebens. Diesmal gab es nichts zu feiern. »Ah, Monsieur, Lucius, bon soir! Comme toujours? Naturellement! Erst mal entspannän, erst mal Picon?!« Ohne eine Reaktion seines deutschen Stammgastes abzuwarten, servierte Oberkellner Gilbert mit einer galanten Armbewegung, die sein ganzes gastronomisches Genie verriet, den ersehnten Aperitif. Und einen zweiten. Und einen dritten. Und ... Jeden Bedienvorgang krönte er dabei mit einem Ausdruck ehrlicher Anteilnahme am offensichtlich schweren Schicksal seiner Lieblingskundschaft. Als Lucius später sein erstes Bier bestellte, gab Gilbert dazu feinfühlig-souverän den zweiten Werbeslogan zum Besten, den er in Lucius' Muttersprache beherrschte: »Ah, oui! Güt, bessär, Paulanär.« Beide Sprüche kannte er, wie er bei passender Gelegenheit immer wieder verriet, aus dem Vorprogramm eines Kinos für fremdsprachige Filme im Norden der Stadt, in Clichy. Beiden Männern war in diesem Augenblick nicht bewusst, dass es sich dabei um das kleine Lichtspieltheater handelte, das Lucius' Freund Heinrich betrieb. Aber es spielte auch keine Rolle. Viel wichtiger war Lucius die bereits erkennbare anästhesierende Wirkung der Picon-Parole. Sie hatte sich mit jedem kredenzten Glas auf wunderbare Weise verstärkt. Das tat ihm gut. Und gegen das Heimweh, das ihn an diesem Abend heftig packte, versprachen drei, vier Maß Festbier, das das »Chez Medusa« direkt und exklusiv vom Paulaner-Zelt auf dem wenige Tage zuvor eröffneten Münchner Oktoberfest bezog, schnelle erste Hilfe.

Tatsächlich verspürte Lucius bald überhaupt keinen Schmerz mehr. Dennoch erwies sich die von ihm gewählte Therapie als tückisch. Gegen die schnell wachsende Übelkeit half sie jedenfalls nicht. Und so musste Lucius kurz nach Mitternacht den gesamten über Stunden angestauten Unmut in eines jener dunklen Löcher übergeben, die man in Frankreich ohne mit der Analrosette zu zucken als Toiletten auswies. Er verstand die röhrenden Rufe des Schicksals, beglich die nicht unbeträchtliche Rechnung, gab reichlich Trinkgeld, kippte »für unterwegs« rasch noch auf Kosten des Hauses dessen Spezialität, einen Bernini-Cocktail, in sich hinein, und verlangte zum Abschluss nach einem Taxi, das ihn nach Hause bringen sollte – in die Rue Fauxpas-de-deux Nummer 13, unterm Dach, links. Sein Bett würde ihn trösten, so hoffte er.

Grundlos und angestrengt lachend kämpfte sich Lucius mit Unterstützung des Chauffeurs vor seiner Wohnung aus dem Wagen. Er lallte und larifarisierte lautstark, vernahm verlegen, aber insgeheim gerührt, in der dunklen, menschenleeren Straße den Widerhall seiner Stimme und der Geräusche, die er von sich gab, während er sich über den Rinnstein beugte. Sein Schädel fühlte sich an wie ein Nest wütender Schlangen, die ihm aufgeregt zischelnd ihre Zähne ins berauschte Kleinhirn schlugen und ihn mit ihrem Gift lähmten. Der Bernini im »Chez Medusa« musste schlecht gewesen sein. Da Lucius im Hausflur weder den Lichtschalter noch den Aufzug fand, zog er sich in absoluter Dunkelheit mühsam ans Geländer klammernd Stufe für Stufe, Stockwerk um Stockwerk schnaufend hinauf bis in die Mansardenetage.

Erst hier ging ihm ein Licht auf, denn wegen eines Defektes in der Hauselektrik flackerte auf diesem Absatz rund um die Uhr die Notbeleuchtung. An jedem anderen Tag wäre Lucius dafür dankbar gewesen, heute nicht, denn die 20-Watt-Funzel blendete ihn. Er schloss die Augen und suchte blindlings stolpernd nach Orientierung – immer an der Wand lang. Schließlich erbarmte sich seine Wohnungstür und streckte ihm hilfreich ihren Knauf entgegen. Minuten später, eine weitere gnädige Fügung des Schicksals, fand sich auch das dazu gehörige Türschloss an der gewohnten Stelle ein. Der Rest kinderleicht. Irgendwann in dieser Nacht passte jedenfalls der Wohnungsschlüssel und Sesam öffnete sich – zu überraschend für Lucius. Er fiel zu Boden und fand sich erneut in Dunkelheit und der Stille des Flures gefangen.

Bis auf eine in Höhe seines Gesäßes vehement wirbelnde Windhose, die aber nach wenigen Sekunden in einem abfallenden Fiepton in sich zusammenstürzte, war zunächst weit und breit nicht das Geringste zu hören. Lucius hatte damit offenbar auch alle Hoffnung fahren lassen, sein Zimmer zu finden, denn auf dem Boden strampelnd entledigte er sich des Sakkos und seiner Hose, drehte sich zur Seite, legte das »Figaro Magazine«, das aus seiner Jackentasche gefallen war, aufgeschlagen über seine rechte Schulter und richtete sich für die weitere Nacht. Schlaf fand er nicht. Grund waren Geräusche, die aus dem Badezimmer drangen. Sie weckten die dumpfe Neugier des Spätheimkehrers. Trotz der räumlichen Enge und tagesaktueller Einschränkungen gelang es ihm, seinen Körper bis zur Badezimmertür zu rollen. Er richtete sich auf, presste erst ein Ohr, danach ein müdes Auge auf das Schlüsselloch – und sackte wie vom Blitz getroffen in sich zusammen. Was er gesehen hatte, ließ schlagartig alle Schläfrigkeit und Trunkenheit aus ihm entweichen. Zurück blieb ein hellwaches, stocknüchternes Emotionsvakuum. Im Bruchteil einer Schrecksekunde wurde Lucius klar, dass er in diesem einen Moment gleich zwei Freunde verlor: Heinrich und Michelle, genannt Candy.

Keine sechs Tage zuvor hatte eine zufällige Begegnung mit der jungen Touristin aus Connecticut vor dem Haupteingang des Louvre ihm schönste Hoffnungen suggeriert, als sie ihn ein wenig ratlos um Hilfe bat und fragte, wie sie denn zu diesem Louvre käme oder ob er ihr statt dessen ein anderes gutes Lokal in der Gegend empfehlen könne. Dann hatte sie gelächelt, viel schöner als die Mona Lisa im Hause hinter ihr. Und am nächsten Abend waren sie ausgegangen – gemeinsam mit Heinrich. Der hatte es einmal mehr verstanden, sich aufzudrängen. Ein Problem hatte er damit nicht, schließlich war er ein großartiger Liebhaber seiner selbst. Oft begann er den Tag damit, sich beim Blick in den Spiegel ein wenig um den Bart zu gehen. Wenn er in lyrischer Stimmung war, sprach er dann gern vom Halbschatten der Nacht und fühlte sich dabei wie sein Vorbild, der große Henry Miller. Es konnte sogar passieren, dass er sich mit halbseidenen Komplimenten, die er für bare Münze nahm, so lange überhäufte, bis er sich glaubwürdig geschmeichelt fühlte.

Lucius' Rausch war nun blinder Wut gewichen, ohne dass sein Jetzt-Ex-Freund auch nur ahnte, dass da vor dem Badezimmer gerade eine Welt zerbrach. Heinrich war viel zu sehr damit beschäftigt, seine dicht behaarten Unterschenkel wie nasse Epauletten auf Candys

Schultern zu platzieren. Es störte ihn nicht im Geringsten, dass bei dem akrobatischen Akt literweise Wasser aus der Wanne schwappte. Er genoss das sinnliche Quietschen ihrer Leiber auf dem weißen Email und lebte seine Lust nach Kräften, ganz wie sein literarisches Idol. Obwohl Heinrich insgesamt von eher schmächtiger, unauffälliger Erscheinung war, mochten ihn die Frauen – und er erklärte gern warum: »Ich verströme diesen Brunftgeruch eines streunenden Katers und das mögen die Kätzchen«, prahlte er oft. »Wenn ihr Blick auf meine stramm sitzende Hose fällt, sind sie augenblicklich verloren ... und paarungsbereit.« Exakt in diesem Moment drängte Henrys männliche Pracht mit Nachdruck an die Wasseroberfläche. »Süße, verstehst du jetzt, warum sie mich den Elefantenbullen nennen?« fragte er Candy provozierend grinsend. Die konnte ihr Glück weder mit Worten noch mit ihren zarten Händen umfassen. Verliebt und nass und ein bisschen verlegen lachend neckte sie ihn: »Bestimmt kannst du mit deinem Rüssel auch trompeten. Komm', zeig's mir, Sweetheart!« Da blies Heinrich zur Attacke und sein Unterleib ging mit ihm durch.

Lucius, der sich mühsam beherrschte und erneut hinter dem Schlüsselloch Aufstellung bezog, wollte wenigstens spotten, wenn er schon litt: »Ja, ja, und die Welt hebt an zu singen, triffst du nur das Zauberwort.« Aber kaum waren Eichendorffs zeitlos-zauberhafte Zeilen über Lucius' Lippen gekommen, traf den Gehörnten ein neuer Schock. Voller Bitterkeit und ohne eingreifen zu können, musste er mit ansehen, wie inmitten des aufgewühlten Wassers sein Badewannenspielzeug, das Modell eines jener Landungsboote, die die alliierten Truppen im Juni 1944 während des D-Day benutzten, zu kentern drohte. Es war ein Souvenir aus seinem ersten Urlaub in der Normandie. Entdeckt hatte er es in einem kleinen Andenkenladen in Arromanches. Er nutzte es seitdem im Bad vor allem, um seine Seife darauf abzulegen. Und nun missbrauchte Heinrich es für seine ekelhaften Eroberungszüge. Im Augenblick war er dabei, mit dem kleinen Militärboot in einer ersten Angriffswelle an Candys linker Brust zu landen. Seine flinken Finger nahmen die Steilküste im Sturm, während Candys Küsse wie Schrapnells auf ihn niederprasselten. Die Invasion war in vollem Gang.

Lucius schlich wie ein geschlagener, vom Hof gejagter Kettenhund mit ängstlich eingeklemmtem Schwanz von dannen. Er war nur noch ein heulendes Häufchen Elend, doppelt betrogen und entsetzlich enttäuscht. Er wusste, alles war vorbei. Tief in der Seele getroffen schleppte er sich in sein Zimmer, das sich ganz leise drehte – wie ein Karussell, das wollte, aber nicht mehr rollte. Er packte so rasch und koordiniert wie es sein Zustand erlaubte das Nötigste an Fluchtgepäck zusammen – Wäsche für ein paar Tage, etwas Bargeld, ein Scheckheft, zwei Fotos mit altmodisch gezähnten weißen Rändern, die ihn vor über 20 Jahren als frisch gebackenen Magister mit seinen Eltern zeigten, einen Reisewecker im giftgrünen Lederetui, ein eher ungeliebtes Präsent seiner Patentante zum zehnten Geburtstag, und, als einzige verbliebene Verbindung zu seinem bisherigen beruflichen Leben, das Handbuch der modernen Werbesprache: »Sülzen ohne zu klumpen«. Dessen Lektüre hatte Lucius 1951 begeistert und bewogen, keinen Job als Lektor in einem Verlag anzutreten, sondern in der Marketingbranche sein Glück zu suchen – falls es mit der Schriftstellerei nichts würde. Als letztes ergriff Lucius die schwere Schreibmaschine seines Vaters, die in vielfacher Hinsicht wertvolle Hermès No. 2. Auch sie musste mit, war sie doch so eine Art Medaillon mit eingelegtem Erinnerungsbildchen – nur etwas größer, ohne Foto und deutlich schwerer.

Noch schwerer wogen allerdings die Gedanken, die ihn jetzt bedrückten. Hatte Heinrich ihm nicht schon während des gemeinsamen Literaturstudiums, das sie nach Entlassung aus der Kriegsgefangenschaft 1947 in Marburg begannen, ab und zu eine Freundin ausgespannt? Und ihn Hausarbeiten schreiben lassen, um sie anschließend unter seinem Namen zur Benotung einzureichen? Und hatte er ihn nicht auch während eines Heimaturlaubs nach dem Frankreich-Feldzug zuhause in Gertenbach, einer Nachbargemeinde von Witzenhausen im nördlichen Hessen, besucht und sich dabei von seinen Eltern zwei wertvolle Schellackplatten zum Anhören mitgeben lassen – und nie zurückgebracht? Lucius' Lamento nahm kein Ende: »Warum?«, fragte er sich stets aufs Neue, »Warum habe ich nicht früher auf solche Dinge geachtet? Spätestens als er 1960 sein ›Cinéma du Corps‹ eröffnete, ein in jeder Hinsicht billiges Programmkino in einem heruntergekommenen Pariser Vorortviertel, hätte ich hellhörig werden müssen. Es sagt doch alles über einen, wenn er sein Geld mit schmuddeligen Porno- und Kriegsfilmen wie ›Die Kissenschlacht am Kursker Bogen‹ und ›Erwin Rammel – der Büstenfuchs‹ verdient. Liefen solche Filme bei ihm nicht sogar an den Weihnachtsfeiertagen?« Lucius schüttelte den Kopf, ekelte sich demonstrativ und bedauerte zum ersten Mal in seinem Leben, nicht katholisch getauft zu sein. Dann hätte er sich jetzt wenigstens bekreuzigen können, und alles wäre vielleicht halb so schlimm gewesen.

»Ausgerechnet Heinrich, mein alter Freund Heinrich!« Lucius wollte es einfach nicht glauben. Er durfte gar nicht daran denken, dass dieser Mistkerl für einen praktisch ohne Eigenmittel, nur mit zwei flüchtigen weiblichen Bekanntschaften schnell heruntergedrehten hirnlosen Erotikstreifen beim jüngsten Film Forum Frankreich in Fontainebleau um ein Haar die renommierte Pariser Palme in Platin gewonnen hätte. Wie Heinrich ihm gegenüber damals zugab, wollte er eigentlich nur einen Produktionskostenzuschuss aus einem Fördertopf für freie Filmschaffende beantragen. Dann aber geriet sein Machwerk wegen eines Missverständnisses auf die Shortlist für den renommierten Kulturpreis, mit dem die angesehene Cinémathèque française alljährlich herausragende fremdsprachige Dokumentarfilme prämiierte. Jemand in der Auswahlkommission hatte sich bei der Übertragung des Filmtitels »Sexgiving Day in Alabama« verlesen und daraus »Thanksgiving Day in Alabama« gemacht – im Glauben, es ginge um traditionelle Erntedank-Bräuche im Süden der USA. Erst kurz vor der Bekanntgabe der Preisträger fiel die Panne auf. Weil sie infolge einer Indiskretion an die Öffentlichkeit gelangte, musste damals sogar der Direktor der Einrichtung seinen Hut nehmen.

In dieser Nachtstunde war es nun für Lucius an der Zeit zu gehen, sich, vermutlich für immer, von den Dingen in seinem Zimmer zu trennen, auf ewig loszulassen, was ihn über die vielleicht wichtigsten Jahre seines Lebens begleitet hatte. Sein Schreibschrank, das schmale Klappbett, der schwere Ledersessel, den er sich 1955 von seinen ersten Honoraren gekauft hatte – alles war auf einen Streich verloren, Vergangenheit, wie zu feiner Asche verbrannt. Besonders schmerzte Lucius, dass er eine wertvolle Jules-Verne-Werkausgabe nicht mehr in seiner Reisetasche unterbrachte. Er hatte sie erst kürzlich im Antiquariatsangebot der berühmten Pariser Buchhandlung »Shakespeare & Company« entdeckt und sofort zugegriffen, weil sie von einem Zeitgenossen und Kenner Vernes, dessen Landsmann Professor Pierre Aronnax, editiert worden war. Nicht minder bitter stimmte Lucius das erzwungene Adieu von seinen geliebten Musette-, Françoise-Hardy- und Simon-&-Garfunkel-Platten sowie der Abschied von einigen Jahrgängen fein säuberlich neben dem Bett gestapelter »Paris Match«-Magazine. Sie und die parallel gesammelten Ausgaben von »L'Express« und »SPIEGEL«, die ihnen Gesellschaft leisteten, würden nun ohne ihn zurechtkommen müssen – und, schlimmer noch, er ohne sie.

Lediglich ein leicht vergilbtes, aber wie frisch gebügelt und gestärkt wirkendes Exemplar des großformatigen »SPICKZETTEL«, das sich in einer Schublade unter langen Unterhosen wiederfand, durfte noch mit. Die beliebte Publikumszeitschrift der Volkshochschule Erlangen war ein ganz besonderes Souvenir. Zum einen enthielt sie eine großartige Glosse zur Frühgeschichte der Erwachsenenbildung im Großraum Nürnberg. Vor allem aber erinnerte sie Lucius an ein öffentliches Werkstattgespräch in der Hugenottenstadt, an dem er 1952, kurz nach der Neugründung der VHS, teilnehmen durfte. Damals lernte er auch den etwas jüngeren Intellektuellen Hermann G. Rossthaler kennen. Der wortgewaltige Mitdiskutant hatte gerade an der örtlichen Hochschule seine Doktorarbeit »Über den Nutzen der Buchstabensuppe in Alphabetisierungskampagnen« vorgelegt. Zu Lucius' Bedauern verlor sich der Kontakt zwischen ihnen schon kurz nach der Veranstaltung. Er suchte sein Glück in Paris, Rossthaler bereitete eine Karriere als Schul- und Kulturreferent in der Kommunalpolitik vor und schrieb zahlreiche Bücher. Sein persönlichstes Werk, der stark autobiografisch gefärbte Bildungsroman »An den sieben Quellen meiner Belesenheit – Selbstporträt eines fränkischen Literaturliebhabers«, gehörte bis heute zu Lucius' Lieblingslektüre.

Den Anstoß zu dem Werkstattgespräch an der Volkshochschule hatte ein im März 1952 von einer Hamburger Illustrierten in aller Breite dokumentierter archäologischer Sensationsfund gegeben, der offenbar das Potenzial besaß, die Erlanger Stadthistorie auf den Kopf zu stellen: ein vermeintlich aus der Feder des römischen Geschichtsschreibers Tacitus stammendes Tagebuch mit Anmerkungen zu seiner berühmten Abhandlung »Germania«. Laut seinem Finder war das Dokument zufällig in einer aufgelassenen Senkgrube am Rand eines oberfränkischen Dorfes entdeckt und bald danach für viel Geld von dem Hamburger Verlagshaus erworben worden. Trotz des insgesamt schlechten, großenteils unleserlichen Zustandes gelang es Sachverständigen, einige Textstellen zu entziffern. Die für Erlangen wichtigste betraf dabei nur ein einziges Wort, »adipisci«. Tacitus hatte es mit »ERLANGEN ERREICHEN« übersetzt und dies in einer Fußnote in feinsäuberlichen Kapitalen festgehalten. Damit sei Zweierlei bewiesen, schlussfolgerte die Illustrierte: nämlich dass Erlangen rund 900 Jahre älter sein müsse als bisher angenommen und dass man im Römischen Reich dem kleinen germanischen Weiler offensichtlich besondere Bedeutung beimaß. Warum, spekulierte das Blatt in seiner Reportage, hätte es sonst in der lateinischen Sprache ein eigenes Wort dafür gegeben, das die Ankunft an diesem Ort bezeichnete? Dieses Vorrecht nehme nicht einmal Rom selbst für sich in Anspruch. Kein Wunder also, dass Verlag und Redaktion mit Aplomb und im Brustton der Überzeugung behaupteten, dass die Geschichte Erlangens jetzt völlig neu geschrieben werden müsse.

Doch bereits zwei Wochen nach Erscheinen jenes weltweit für Aufsehen sorgenden Artikels kam Licht ins Dunkel des unglaublichen Ereignisses. Ein Expertengutachten der Universität Erlangen konnte nämlich nachweisen, dass es sich bei dem angeblichen Artefakt aus dem ersten nachchristlichen Jahrhundert lediglich um einen stark verwitterten, 1908 erschienenen Latein-Grundwortschatz für Königlich-Bayerische Oberrealschulen handelte. Bei dessen Druck war schlicht übersehen worden, zwischen den beiden Verben »erlangen« und »erreichen« ein Komma zu setzen. Die örtliche Zeitung, das »Erlanger Tagblatt«, machte sich mangels wichtiger anderer Themen in der Stadt noch wochenlang über die von ihr so getaufte »Druckfehler-Affäre« lustig. Die Illustrierte, die den Stein ins Rollen gebracht hatte, entschuldigte sich schließlich peinlich berührt bei ihrer Leserschaft für den Irrtum und versicherte, derlei werde nie wieder vorkommen.

Lucius hatte das Zimmer schon verlassen, als er noch einmal drei Schritte zurückging, um das Plakat zu betrachten, das mit Reißzwecken an die Innenseite der Türe geheftet war – ein Plakat jener Frankfurter Buchmesse, auf der er vor zehn Jahren dem damals intensiv mit neuen Prosaformen experimentierenden Arno Schmidt begegnet war. Lucius saß an jenem sonnigen Nachmittag gerade bei einem Kännchen Malzkaffee auf der Terrasse des Messerestaurants und blies mit dem Rauch einer Overstolz auch den Unmut über den Verkauf seiner Leib- und Magenzigarettenmarke an die amerikanische »Tobacco Company« hinaus. »Wir Deutsche haben einfach kein Gespür für Tradition«, schimpfte er nicht zum ersten Mal, als ihn Schmidt von der Seite ansprach, sicher, dass er Lucius vor sich habe. Er wolle ihm persönlich für dessen Erzählung »Der Bargfelder Heide« danken, sagte der Schriftsteller. Dieses Porträt eines eigenwilligen Eremiten, der vom rechten Wortglauben abgefallen war, bedeute ihm viel, bekannte Schmidt. Letztlich habe das Buch sogar den Ausschlag gegeben, 1958 aus Darmstadt wegzugehen und in dem kleinen niedersächsischen Ort eine Kate zu beziehen, um dort »ferrn von Mensch! gemachtem Getööse prächtigste pralle Prosa zu töpfern«. »Er sagte tatsächlich ›Prosa töpfern‹«, erinnerte sich Lucius und freute sich wie damals über das unerwartete kollegiale Lob. Es war eine herrliche, bescheidene, längst verblichene Zeit. So blieb auch das Poster zurück.

Bevor er endgültig die Wohnung verließ, rief Lucius ins Badezimmer hinein Heinrich einen letzten, vergifteten Gruß zu: »Adjöh, Messjöh!! Auf Nimmärwiedersähän, mon ami perdu!« Der Mut zur Wut tat gut, machte sein Herz aber nicht wirklich leichter. Den Spindschlüssel aus der Métrostation, den er noch in seiner Jackentasche fand, warf er auf dem Weg zum Busbahnhof in eine Abfalltonne. »Marscherleichterung!«, sagte er und lächelte sich ein bisschen unsicher zu.

Flucht | Die Gebrüder Zola

Nach den Tragödien des Vortages flüchtet Lucius im Morgengrauen in einem Fernreisebus von Paris aus an die Côte d'Azur. Er lässt sein altes Leben hinter sich und will in dem Ort Malady-sur-Mer Kraft für ein neues tanken. In seinem bescheidenen Quartier in einem alten Gasthof stösst er dabei überraschend auf literarische Schätze sowie wenig bekannte Wurzeln einer fränkisch-französischen Städtepartnerschaft.

Ein schwerer Gewitterregen hatte gegen 3 Uhr früh in der französischen Hauptstadt zu einem dramatischen Temperatursturz geführt. Und so fror Lucius an diesem lausigen, verlorenen Spätsommerseptembermorgen des Jahres 1969 am Fernbusbahnhof nahe der Place du Trocadéro im feinen 16. Pariser Arrondissement unfein wie ein Schneider. Nach einer Nacht ohne Schlaf und auch nur irgendeinen einzigen guten Gedanken war seine Seele wie vereist. Nichts lag in dieser Minute ferner als die Côte d'Azur mit ihrem warmen, alles beglückenden Blau, zu dem ein einzigartiger Himmel und das Meer mit den endlosen Lavendelfeldern des Hinterlandes wie in einer Schale zusammenflossen. Aber genau dort musste er hin, wenn es ihm gelingen sollte, das Erlebte endgültig zurückzulassen. Davon war Lucius überzeugt.

Zwischen dem schmerzenden Abschied hier und einem Heilung verheißenden Neuanfang dort in einer gänzlich anderen Welt türmten sich mehr als 900 Kilometer Straße, die sich auf dem traditionell unbequemen Gestühl der auf der Strecke verkehrenden Busse gefühlt leicht verdoppeln konnten. Genau genommen lag aber noch mehr zwischen dem Hier und dem Dort, dem Früher und dem Später: Unterm Strich trennte Lucius ein halbes, genauer gesagt jenes Leben, das ihm von einem auf den anderen Tag fremd geworden war, von dem Punkt, von dem aus er die Welt noch einmal aus den Angeln zu heben hoffte. Würde er diesen Kraftakt nach allem, was passiert war, stemmen? Kurz vor Abfahrt schien ihm sein Vorhaben ähnlich anspruchsvoll und riskant wie die jüngsten Flüge der NASA zum Mond. Vielleicht, so Lucius' Sorge, war der ewige Begleiter der Erde inzwischen sogar einfacher zu erreichen als das ersehnte Licht des Südens.

Lucius wusste nicht allzu viel über Malady-sur-Mer, doch er war überzeugt, dass er nach dem überstürzten Auf- und Ausbruch aus der Wohnung, die er mit Heinrich geteilt hatte, sein Glück an diesem Ort im Süden wiederfinden wollte. Es war wohl eine unbewusste Sehnsucht, die ihn trieb und die schon länger in ihm schlummerte. Ob der Bildband über ungewöhnliche Sakralbauten in Westeuropa oder der historische Reiseführer für die Region aus dem Jahr 1887, die er beide in seinem ersten Jahr in Paris in der Universitätsbibliothek entdeckte, die Ursache dafür waren? Oder eine alte Zeitungsmeldung über die Berliner Archäologin C. W. Ceran-Kochfelder und ihre erfolgreichen Grabungen unweit von Malady? Wahrscheinlich war es der spannende lexikalische Anhang im vorzüglich gemachten Straßenatlas »Pour la route«, dessen Redakteure es schon immer verstanden, auch Traumreisende wie ihn für das Schicksal ferner, fremder Orte zu begeistern – wie für das Maladys, das nach dem Ersten Weltkrieg aus einem goldenen Zeitalter heraus nahezu über Nacht in seine dunkelste Epoche stürzte. Seltsamerweise gerieten die damit verbundenen Fragen schon in den späten 1920er-Jahren wieder aus dem Blickfeld der Forschung. Bis heute blieb ein Teil von ihnen ungeklärt.

Es war wohl dieses Rätselhafte und, wie Lucius annahm, auch dieses Schmerzhafte, was ihm an Malady so naheging. Er selbst hatte im Spaß einmal von seinem Heidelberg-Syndrom gesprochen. Jetzt, nach seinem abrupten beruflichen Aus, versprach sich diese unterbewusste emotionale Bindung zu einer tieferen Seelenverwandtschaft auszuwachsen. Es ging um offene Fragen und viele offene Wunden. Es war das alte, immer wieder unter Tränen gesungene Lied des Propheten Sardou: Elle court, elle court, la maladie d'amour …

Der junge Morgen begann gerade, seine engsten Vertrauten um sich zu scharen: da, die Schönen der Nacht aus den Bars und Clubs, berauschte Jeunesse dorée auf der Suche nach draller Rendite für gönnerhafte Großzügigkeit, dort, die armen, schlaftrunkenen Schlucker, lustlos und mit noch halb geschlossenen Augen unterwegs zur Schicht – ein gemischtes Völkchen, das getrennte Wege ging. Dennoch verband sie eines unübersehbar – an diesem, wie an jedem Morgen: ein (un)stillbares Verlangen nach ofenwarmen, frischen Croissants. Und so versammelte sich die Menge, beinahe wie auf Zuruf, in aller Herrgottsfrühe zum gemeinsamen Sturm auf die

»Pastille«, die Feinbäckerei von Louis Dauphin und seiner Gattin Marie, die gerade die Ladentür öffnete. Im Nu füllte sich der kleine Verkaufsraum mit einem pittoresken Potpourri der Menschheit – mit Ausnahme der Außenseiter, vulgo Bettler, Büttel und Journalisten. Vor allem Letztere, die immer wachen Beobachter des Boulevards und die nimmermüden Flics, diese staatsdienstbeflissenen Hüter von Recht und Ordnung, hielten professionell auf Distanz, stillten zunächst ihren Hunger auf druckfrische Schlagzeilen mit den Morgenblättern oder begnügten sich fürs Erste damit, vor allem den Damen zu imponieren, indem sie die strammen Symbole polizeilicher Potenz, die Gummiknüppel, aufreizend durch die Finger gleiten und immer aufs Neue befriedigt in die Hände klatschen ließen. Bei allem, was sie einte, betrachteten beide Gruppen, Polizisten wie Presseleute, einander gewöhnlich nicht ohne Argwohn. Nur wenn es um schwere Verbrechen ging, um Mord, Totschlag oder einen geplanten Staatsstreich, feierten sie Blutsbrüderschaft.

Lucius bekam das Geschehen rund um die »Pastille« nur am Rande mit, aber was er sah und hörte, stieß ihn ab. Das begehrliche laute Lachen derer, die sich gefunden hatten; nicht minder das hysterische Greinen jener, die wie Mond und Sonne nicht zueinander finden durften, weil man andernorts schon auf sie wartete. Ihr Kreischen, ihr Flirten, das schmatzende Küssen, die Selbstvergessenheit dieses nach Leben gierenden Ausbundes überdrehter Edelstadtstreicher und Landpomeranzen steigerte sich in seinem Kopf zu einem tumultartigen Fortissimo. Dazu das geräuschvolle Gehabe der Gendarmen und das Papiergeraschel der Zeilenschinder. Selbst das Schweigen jener, die noch im Halbschlaf unterwegs zur Arbeit waren, hatte in Lucius' Ohren etwas unangenehm Dröhnendes. Irgendwann stürzte das ganze große kakophonische Gebäude in sich zusammen, wie von einem unsichtbaren schwarzen Loch in die Tiefen des Kosmos gesogen, und eine nahtlose Stille umfing ihn – eine Stille, für die es keinen Vergleich gab; eine Stille, die vorübergehend den Verlust von Oben und Unten, Rechts und Links, von Vorne und Hinten bedeutete. Völlig verstört und orientierungslos entkam Lucius dieser Welt, die seit heute nicht mehr die seine war. Die falschen Freunde, die Gierigen mit ihren goldgefassten Geschmacklosigkeiten um Hals und Handgelenk, die Herrenmenschen, die im Pissoir nicht einfach Wasser ließen, sondern ihren warmen Urin wie teuren Wein dekantierten, Protzjungen allesamt – sie und das dick geschminkte letzte Luren der Huren in der Menge löste in Lucius Übelkeit aus. Er war wund, unübersehbar.

Sein Reisegepäck fest umklammert, bestieg er den inzwischen mit laufendem Motor wartenden Bus. Es war ein noch während des Krieges für lange Strecken leidlich umgebauter älterer Renault, ein TN 4, wie ein mitreisender Oldtimerexperte nicht ohne Bedenken beim Einstieg bemerkte. Lucius löste einen Fahrschein, verstaute Rucksack, Tasche und Schreibmaschine, wo er Platz dafür fand, und schmiegte sich sardinengleich auf den letzten freien Sitz über den hinteren Rädern. Ruckelnd setzte sich der außen vornehm silbern glänzende Zweiachser alter Schule in Bewegung. Das damit einhergehende lautstarke Gerangel zwischen kreischendem Getriebe, aufheulendem Motor und einem hörbar überforderten, fluchenden Fahrzeuglenker entbehrte nicht einer gewissen derben Komik, amüsierte die Businsassen aber nur leidlich. Zuletzt gewann der Wagen, von erleichtertem Applaus begleitet, rasch an Tempo. Ob dies tatsächlich allein der Kraft der eingebauten 90 Pferdestärken des TN 4 zu verdanken war, oder ob der Fahrer wie bei einem Tretmobil eigenbeinig zusätzlich für Vortrieb sorgte – niemanden interessierte es. Hauptsache, es ging endlich voran.

Ein letztes Mal ging Lucius´ Blick zurück zur Stadt, die noch ihre Nachtwäsche trug. Plötzlich war nichts Negligéhaftes, Dessousduftiges, nichts seidig Schimmerndes mehr an ihrem Leib. »Nur olle Wolle«, wie Lucius geringschätzig raunzte. Paris mit seinem sonst so reizvollen Körper, mit seinen Parks, Palais, prächtigen Straßen und eleganten Menschen wirkte, bevor die Sonne ihre Pflicht erfüllte, wenig verführerisch. Die alten Laternen mit ihrem fahlen Licht erwiesen sich als eine farbenscheue Künstlergilde. Sie pinselten ihren Modellen, die jetzt unterwegs waren, gleich ob Mann, Frau oder Zwischenwesen, alt oder jung, hässlich oder schön, lediglich jenes matte Grau auf die Haut, das man hier sonst nur von den Zinkdächern der alten Bürgerhäuser kannte. Für Lucius war es die kranke Blässe verlorener Existenzen – Blässe, wie sie sich in dieser Sekunde auch matt in der Fensterscheibe neben ihm spiegelte.

Was war nur seit gestern aus der einstigen Hauptstadt seines Herzens, der er vor allem beruflich so viel verdankte, geworden? Heiterkeit und Chic, Charme und Scham – alles passé. Lucius empfand bestenfalls nichts mehr für das, was er sah. Und doch gab es tief in ihm drin einen Rest an Unsicherheit, ob dieses Ressentiment andauern würde. War er nicht unheilbar süchtig nach dieser Droge, nach Paris? Wie ein verängstigtes Tier, das in einer Höhle Schutz vor Feinden sucht, verkroch er sich in seine Jacke, schlug den Kragen hoch und zog seine Mütze tief ins Gesicht. Ein Frösteln nagte an ihm wie eine Zähne fletschende Hyäne, der beim Anblick des Kadavers das Wasser im Maul zusammenlief. Schließlich verloren sich die Chimären und mit den Kilometern auch die allerletzten Zweifel an seinem spontanen Entschluss, weit wegzugehen. Keinen einzigen Sou wollte er noch für eine Nacht mit der Metropole geben.

Über ein offenes Schiebefenster wehte ein kräftiger kühler Fahrtwind herein, der Lucius' Gedanken und Gefühle nur so durcheinanderwirbelte. Die Nadel seines inneren Kompasses schlug wie wild um sich. Wohin würde seine Reise gehen, wenn er am Ziel angekommen war? Beinahe eineinhalb Jahrzehnte hatte er hier in Paris in seinem Beruf als PR-Berater Erfolge gefeiert, war er ein gefragter Name in der Branche gewesen – und das als Deutscher gerade mal eine Generation nach Ende der Besatzung mit all ihren Verwüstungen. Das Modehaus von André Courrèges mit seinem berühmten weißen Atelier in der Avenue Kléber begleitete er werblich seit mehreren Kollektionen. Zudem fußte das futuristische Design des Unternehmens maßgeblich auf seinen Ideen und Entwürfen, auch wenn andere dafür den Lorbeer davontragen sollten. Erst jetzt, als die Hauptstadt, la Mondaine, wie er in seinem ersten, noch auf Deutsch verfassten Gedichtband »Meine Seine« zärtlich schrieb, wie ein leckgeschlagener Seelenfänger am Horizont hinter ihm versank, fühlte er sich besser. Erst jetzt fühlte er sich frei zu gehen. Das Letzte, was Lucius noch sah, bevor der Bus auf die Route Nationale in Richtung Süden einbog, waren ein paar politische Parolen an der Werksmauer einer ehemaligen Automobilfabrik: »Freie Fahrt für freie Franzosen!« und »Vive la Commune d'Asterix!« – lächerliche Überbleibsel der im Vorjahr martialisch niedergeschlagenen Studentenunruhen, ein verblasster sarkastischer Nachruf auf die Träumer des blutigen Mai, die das Land für einen historischen Augenblick in seinen Grundfesten erschüttert glaubten.

Obwohl der alte Renault sich im Wortsinne leidenschaftlich mühte, durch heftiges Rütteln und Schütteln für ein wenig Abwechslung auf der langen Fahrt zu sorgen, schlief Lucius übernächtigt schon bald hinter der Stadtgrenze ein. Er trieb bewusstlos, die Augen offen, doch ziellos gen Himmel gerichtet, rücklings in einem breiten, reißenden Strom, ohne Einfluss darauf, was mit ihm geschah. Man durfte vermuten, er hätte auch in wachem Zustand nicht anders agiert. Als er erwachte, war es längst schon heller Vormittag und ein gutes Stück des Weges geschafft. Stachen ihn nicht sogar schon die Senfsaaten von Dijon in die Nase? Egal. Jetzt gab es erstmal Dringlicheres zu erledigen. Vorsichtig, wenn auch ein wenig ungelenk, zwängte er sich an seinen wie erschlagen wirkenden Sitznachbarn vorbei in die winzige Kabine hinter ihnen. Es war an der Zeit für eine wenigstens notdürftige Morgentoilette.

Der Verschlag aus dünnem Wellblech wirkte auf Lucius wie provisorisch aus Teilen von im Krieg abgeschossenen Luftwaffenbombern zusammengenietet. Überall rohes, unlackiertes Metall, scharfe Kanten und gefährlich herausragende, oft rostige Schrauben. Als der Fahrer bremste, stieß sich Lucius den Kopf am niedrigen Rahmen der Toilettentür. »Diese Karre ist eine rollende Folterkammer«, schimpfte er vor sich hin und drückte seinen linken Handrücken fest an die Stirn. »Da hätte die Résistance ihre Freude ...« Lucius brachte den Gedanken nicht zu Ende, sondern erleichterte sich, wusch sich die Hände, und damit war der Krieg für ihn endgültig vorbei. Jetzt galt es nur noch, im Wesentlichen unbeschadet Malady-sur-Mer zu erreichen. Dort, so Lucius' fester Glaube, würde alles anders werden, alles besonders sein, aber gleichzeitig so alltäglich, wie das Auf und Ab der Sonne.

Valence, das nördliche Tor zur Provence, war bereits passiert, als der Bus überraschend einen ungeplanten Halt einlegte: für einen Croque Monsieur und eine schnelle Selbstgedrehte – notwendige Nervennahrung für den erschöpften Fahrer. Die Passagiere nutzten die Pause, um sich die eingeschlafenen Beine zu vertreten. Mit Lucius stieg auch ein vor ihm sitzender älterer Herr aus. Er trug einen weißen Dohti, das traditionelle Beinkleid der Inder, sowie einen kunstvoll geschlungenen Turban. Der kleine freundliche Mann bugsierte in einer waghalsigen Aktion eine langhalsige Sitar vom Gepäcknetz herunter, lächelte beruhigend auf die Umstehenden ein und verließ den Wagen über die schmale hintere Tür, ohne seinem Instrument auch nur den kleinsten Kratzer zuzufügen oder gar einen der Mitreisenden zu verletzen.

Erlöst von der schier endlosen Hockerei auf engstem Raum bemühte sich Lucius wie alle seine Leidensgenossen zunächst, mit

Kniebeugen und ein paar gymnastischen Übungen seinen Kreislauf wieder in Schwung zu bringen. Dann holte er sich eilends eine süß gefüllte Brioche und gesellte sich neugierig zu dem Fremden. Während der Busfahrer sein Glas noch einmal mit einem Viertelliter Merlot volltanken ließ – später wird er entschuldigend sagen: »Es war nur Zielwasser; hier im Süden werden die Straßen sehr eng.« – waren die beiden Männer zwanglos ins Gespräch gekommen. Er heiße Singh Asong Raida, stellte sich der Sikh vor. Hauptsächlich sei er Gastronom, betreibe in der indischen Hauptstadt ein besonders bei Touristen beliebtes Feinkostgeschäft, das Daily Deli in Neu-Delhi. Seine große Liebe gehöre aber dem wundervollsten Musikinstrument der Welt, der Sitar. Mit ihr gebe er gelegentlich auch Konzerte. »Erst kürzlich bin ich in den USA mit meinem Freund Rajid Haddar Shankar beim Woodstock-Festival aufgetreten. Vielleicht kennen Sie meine Platte ›While my Sitar gently wheeps‹. George Harrison hat das Lied für den westlichen Musikmarkt adaptiert. Leider geht es George nicht gut. Die wohl unabwendbare Trennung der Beatles macht ihm sehr zu schaffen«, sagte Singh. »Wem nicht!« antwortete Lucius lakonisch, »aber wahrscheinlich sind die Vier einfach nur erwachsen geworden.« Mit diesen Worten drängte er zum Aufbruch, Malady und das Meer warteten schon.

Als sie wieder ihre Plätze eingenommen hatten, drehte sich Singh noch einmal zu Lucius um und reichte ihm ein Taschenbuch über die Sitzlehne. Es hieß »Sitarhartha – das Göttliche in der Musik Indiens«. »Darf ich es Ihnen schenken?« fragte der Sikh: »Ich habe es vor vielen Jahren geschrieben. In meiner Heimat und in England erlebt es bereits die vierte Auflage. Gewiss auch ein bisschen das Verdienst Ihres Landsmannes Hermann Hesse. Der hatte 1961 noch kurz vor seinem Tod für die Erstausgabe ein sehr schönes Nachwort verfasst. Leider sind die Abdruckrechte dafür inzwischen abgelaufen. Ich glaube, es lohnt trotzdem, einmal reinzuschauen.« Ganz entspannt ging die Reise weiter.

Eine nicht enden wollende Strecke von Schlaglöchern und ein halbes Dutzend im Fahrtrausch nur knapp verfehlter Kilometersteine später stoppte der Bus erneut unerwartet, diesmal auf dem Seitenstreifen der staubigen Chaussee. Der Fahrer rief nach hinten: »Der Monsieur nach Malady-sur-Mer! Voilà! Wir sind da! Sie haben es hinter sich. Die Fahrt ins Blaue ist zu Ende. Ich lasse Sie am besten hier aussteigen. Von hier aus ist es nur ein Katzensprung bis in den

Ort. Der Weg von der offiziellen Haltestelle an der Uferstraße weiter unten wäre bei der Hitze viel zu anstrengend – vor allem mit Ihrem großen Gepäck.«

Lucius nahm seine drei oder vier Siebensachen, dankte dem Mann und stieg aus. Jetzt war es also soweit. Der Moloch der Metropole mit seinem gigantischen Getöse hatte sich überlebt. Während der Wagen in der Ferne verschwand und mit ihm alles Laute seit dem Trocadéro, legte sich Lucius ins vertrocknete Gras am Straßenrand, um den malträtierten Kopf freizubekommen. Und um sofort wieder hochzuschrecken: Er hatte sein Gehör verloren. Kein Vogelgezwitscher, kein Blätterrauschen, kein Wind, der pfiff, nicht der geringste Laut weit und breit. War es eventuell nur der Druck auf sein Trommelfell? Wie gierig er auch lauschte, Lucius schien ertaubt, offensichtlich ein Opfer des unerträglichen Lärms, der ihm seit dem frühen Morgen ununterbrochen im Nacken saß. Die unwirkliche, so noch nie vernommene Stille beängstigte ihn. Erst als ihm die vermutlich schon leicht betagte Brioche vernehmlich aufstieß, verschwand das Bedrohliche so rasch wie es gekommen war. Er hatte es schlichtweg weggerülpst.

Lucius direkt gegenüber wies ein verwitterter Wegweiser mitten hinein in das üppig gewucherte, dichte dunkelbraune Grün: Malady-sur-Mer / 0,9 km. Nach etwa zwölf Stunden entbehrungsreicher Omnibusfahrt weckte die nahe Aussicht auf ein Quartier mit Badezimmer, auf ein Glas kalten Weißwein und ein leichtes Abendessen frische Kräfte in Lucius. »Marchons, marchons, le jour de gloire est arrivé!« Die alte Hymne machte ihm Laune. Er überquerte die Straße, auf der seit der Weiterfahrt des Busses kein einziges Auto mehr vorübergekommen war, schob mit beiden Armen allerlei trockenes Gestrüpp zur Seite und begann, das lästige Gepäck im Schlepptau, sich einen provisorischen Pfad durch das Buschwerk zu bahnen. Morsches Geäst knackte unter seinem Gewicht, dünne Wurzeln griffen nach seinem Schuhwerk und ließen ihn schon nach wenigen Metern straucheln. »Das fängt ja gut an«, dachte Lucius, aber er fing sich. Immerhin, der Schatten tat ihm gut und vertrieb die wirklich allerletzten rumorenden Zweifel an seiner Entscheidung, mit der Flucht hierher dem alten Pariser Leben ein Ende zu setzen. Im Storchenschritt stakste er eine ganze Weile vorsichtig durch das Unterholz, stets den Blick gesenkt auf der Suche nach allem, was kuschend, huschend oder unheilvoll schlängelnd seinen Weg zu kreuzen drohte und was er eigentlich lieber nicht entdecken wollte. Er war deshalb froh, als das Dickicht sich allmählich lichtete und mehr und mehr dem berühmten Blau des Südens den Vortritt ließ. Bald war das trockene Blätterdach soweit gewichen, dass die Farbe der Hoffnung weich zu Boden fiel.

Lucius kam nun schneller voran. Alles wurde leichter und heller. Ein letzter Schritt und das verwachsene Wäldchen lag hinter ihm. Das Licht blendete ihn jetzt trotz seiner Mütze so stark, dass er die Augen schließen und kurz innehalten musste. Während er so dastand, war ihm mit einem Mal, als tue sich der Himmel über ihm auf. »Komm«, glaubte er eine warme, gütige Stimme zu vernehmen, »so komm', dass wir das Offene schauen, dass ein Eigenes wir suchen, so weit es auch ist.« Lucius stutzte. Kosteten ihn die Hitze, Flüssigkeitsmangel, zu wenig Schlaf und vielleicht auch der Restalkohol vom Vorabend so kurz vor dem Ziel doch noch den Verstand? Er konnte doch nicht wirklich annehmen, dass es Gott gewesen war, der sich mit den Worten Hölderlins an ihn wandte. Andererseits: Müsste dem Allerhöchsten nicht sogar persönlich daran gelegen sein, ihm, dem tief Gefallenen, wieder aufzuhelfen, den Weg zu einem Neuanfang aufzuzeigen und so eine Seele mehr vor ewiger Verdammnis zu erretten? Gänzlich unmöglich schien es Lucius nicht, Wunder gab es schließlich immer wieder. Man musste sie nur sehen, gab er sich überzeugt und fand, sein Gedanke habe etwas für sich, vielleicht sogar das Zeug zu einem anspruchsvollen Schlagertext. Er war sichtlich nicht mehr Herr seiner Gedanken und Gefühle, sondern ihr Spielball. Sie trieben ihn förmlich vor sich her und schienen ihren Spaß zu haben. Selbst eine längst vergessene Episode aus seinem Konfirmandenunterricht bei Pfarrer Peter Opferstöckl, einem charismatischen Konvertiten, kam dabei zum Vorschein. Lucius versuchte sich genauer zu erinnern: »Wie war das damals gleich mit Luther? Hatte dem Erfurter Studiosus nicht auch in einer verzweifelten Lage ein himmlisches Zeichen seine wahre Bestimmung gewiesen, nämlich Mönch zu werden?« Lucius sank murmelnd auf die Knie. Angestrengt prüfte er, soweit das überhaupt möglich war, ob sich seine gegenwärtige Lage gegebenenfalls mit der des jungen Luther im Jahre 1505, als ihn auf dem Weg nach Mansfeld ein schicksalsschweres Unwetter überraschte, vergleichen ließe. Eine verbindliche Antwort, das war klar, konnte nur einer geben. Lucius blickte fast flehentlich zum Himmel. Der jedoch hielt sich bedeckt. Die wenigen Regentropfen, die herabfielen, erlaubten definitiv keinen Vergleich mit dem Gewittersturm von damals, und so maß Lucius ihnen keine weitere Bedeutung bei. An Wahnvorstellungen wollte er aber auch nicht glauben.

Schließlich erhob er sich, schaute sich um und entdeckte .. nichts und niemanden. Nirgends ein Witzbold, der ihn zum Narren gehalten hätte. Erleichtert atmete er auf. War alles doch nur der Erschöpfung, einem wilden Wachtraum geschuldet? Lucius wischte sich den Schweiß aus dem Gesicht und setzte langsam seinen Weg fort. Wenn er sich nach vorne beugte, weil ihm die Brust eng wurde, tropfte es heiß auf den Sand vor seinen Füßen. Als er wieder aufsah, glänzte auf der Anhöhe, die nicht allzu weit entfernt vor ihm lag, ein goldenes Kreuz, das eine Kirchturmspitze krönte. Wie durch magische Kräfte von allen Schwernissen befreit, nahm Lucius die kleine Steigung nun fast im Laufschritt. Oben angelangt, brauchte er nur noch einem schmalen Ackerstreifen zu folgen und schon stand er vor dem schlichten Gotteshaus, von dessen Kreuz er sich hatte leiten lassen. Hinter der rückwärtigen Apsis erhob sich aus rotem Backstein eine malerisch mit Moos und Misteln bewachsene Friedhofsmauer, die seit Menschengedenken die Toten von den zum Sterben Verdammten trennte. Dass sie für den Neuankömmling zugleich so etwas wie das erste Lebenszeichen Maladys war, empfand Lucius als nicht frei von Ironie. Aber Leben und Tod reichten sich ja überall ungeniert die Hände.

Lucius war glücklich. War es die Gewissheit, seinem bisherigen Leben endlich weit genug entkommen zu sein? Oder doch erst mal die Aussicht, durchschnaufen zu dürfen? Er war zu müde, um sich lange mit solchen Überlegungen abzugeben. Lieber fragte er eine alte Frau, die ihm auf der Straße entgegenkam, wo er im Ort einen guten Gasthof finden könne. Ohne groß aufzusehen, murmelte sie etwas vor sich hin, drehte sich dabei leicht nach rechts und deutete in Lucius' Laufrichtung. Im guten Glauben, ihren Dialekt richtig verstanden zu haben, folgte er schnellen Schrittes dem Fingerzeig. Er mobilisierte noch einmal letzte Kräfte, denn schon erkannte er inmitten der dichten Staubwolke vor ihm erste Umrisse kleinerer Häuser: Malady-sur-Mer war plötzlich zum Greifen nahe. In seiner Eile übersah er sogar den imposanten alten Bildstock am Wegrand, der dem hierzulande hochverehrten Namenspatron der französischen Landpolizei, Jean d'Armerie, gewidmet war. Minuten später passierte Lucius dankbar das alte Stadttor. Über betreten schweigendes Kopfsteinpflaster hinweg hetzte er jetzt von dem heißen Wunsch nach etwas Abkühlung befeuert durch die engen Gassen, bog spontanen Eingebungen folgend mal hier, mal da herum ums Eck, ließ eine einsame Bar-Tabac links, ein mit Brettern vernageltes, dem Abriss preisgegebenes

Schulgebäude rechts liegen, dann war er da – am vorläufigen Ziel seiner Wünsche: dem ersten Haus am Platze, dem städtebaulichen Abschluss der Grande Place. Ein kunstvoll bemalter, von einem erkennbar missliebigen Schicksal stark geschwärzter Ausleger wies den Gasthof mit dem Charme des Morbiden als »L'Auberge d'Aubergine« aus. Wie in der Gegend üblich war das Erdgeschoss aus ockerfarbenem Sandstein errichtet worden. Darüber erstreckten sich ein flacheres, von Fachwerk geprägtes oberes Stockwerk sowie ein schräges Dach mit schlichten Schindeln. Für einen Augenblick war sich Lucius unsicher, ob er die Alte, die er nach einem ordentlichen Quartier gefragt hatte, richtig verstanden habe. Aber blieb ihm eine Wahl? »Die Hoffnung stirbt zuletzt«, sagte er sich und trat ein.

Aus einem Kofferradio am improvisierten Empfang erklang eine Melodie, die ihn aufhorchen ließ: »L'Áccordéoniste«. Das wehmütige Chanson über einen Soldaten, der nicht mehr heimkehrt, hatte Lucius erstmals im März 1955 an seinem 34. Geburtstag im berühmten Pariser Olympia-Musiktheater gehört. Édith Piaf, der Spatz von Paris, die kleine Sängerin mit der großen Stimme, begeisterte wie immer ihr Publikum – bis auf seinen damaligen Freund Heinrich, der ausgerechnet auf Lucius' Drängen zu dem Konzert mitgekommen war. Obwohl selbst nur zehn Zentimeter höher gewachsen als die nicht ganz einsfünfzig messende Künstlerin – wahrscheinlich genau deshalb – machte er sich den ganzen Abend über sie und ihre Körpergröße lustig. In seinem haltlosen hessischen Idiom spottete er über »Édidh Biaf, die gleine Giraff'« und ergänzte böse ätzend: »Ei, da glingd doch Handkäes mit Musigg no' bessä.«

Als wäre alles erst gestern passiert, spürte Lucius erneut heiligen Zorn auf Heinrich in sich aufsteigen. Verärgert gab er seiner völlig überraschten unschuldigen Reisetasche, die er gerade noch bedächtig neben sich abgestellt hatte, einen Tritt: »Heinrich, du ... !!« Bevor die Situation eskalierte, stürmte im Windschatten zweier kleiner lautstark kläffender Wollwalzen der Patron, Monsieur Alphonse, mit beflissener Scheineiligkeit aus einem düsteren Kabuff hinter dem Ausschank hervor. Bauch rein, Brust raus bezog er an der Rezeption, einem niedrigen, für ihn dennoch ein wenig zu hohen Stehpult, Stellung. Mit seiner Baskenmütze, dem kräftigen Ein-Tages-Bart im blassen Gesicht, der roten Fliege und dem weißen Hemd mit den hochgekrempelten Ärmeln schien er just dem Versandhauskatalog von »La Source« entsprungen – wie eine Werbeikone für Cidre, Citroen oder Campingurlaub an der Côte d'Azur. So streng wie zärtlich schob er die beiden drollig-molligen Möpse Pico und Bello in ihre Körbchen zurück und rief sie zugleich mit einem energischen »Silence!!« zur Ordnung. Dann begrüßte er seinen neuen Gast, stellte sich stolz als Chef des Hauses vor und fragte, wie er dienlich sein dürfe: »Wir haben glücklicherweise noch unser Historisches Zimmer frei – nicht sehr groß, aber gemütlich, mit schönem Blick auf unseren zauberhaften Ort. Ich kann es Monsieur sogar etwas günstiger überlass …« »Schon gut«, fuhr ihm Lucius gestresst und ein wenig unhöflich über den Mund. »Ich nehme es. Voraussichtlich bleibe ich bis Mittwoch.« Es klang so entschieden, ohne dass Lucius wusste, warum er das sagte.

Während Monsieur Alphonse erfreut über das unkomplizierte, schnelle Geschäft wortreich gestikulierend die Vorzüge seiner Herberge schilderte, ohne sein Gegenüber dabei groß zu beachten, hatte Lucius sich längst von ihm abgewendet und im unmittelbar angrenzenden offenen Gastraum auf dem erstbesten Stuhl niedergelassen: »Bevor ich das Zimmer beziehe, hätte ich gern rasch noch eine Kleinigkeit zu mir genommen«, rief er dem Patron zu: »Etwas Brot, ein Stück Brie, nicht zu mild, grüne Oliven und, falls Sie den im Keller haben, ein Glas ›Brise de Mer‹ oder einen kühlen Rosé.«

Erschöpft auf sein Essen wartend, betrachtete Lucius auf einer Anrichte zwei nach historischem Vorbild dekorativ bemalte Humoriskentänzer. Der regionaltypischen Schnitzerei aus der Zeit der Frührenaissance fehlte leider der üblicherweise dazugehörige dritte im Bunde, ein Hofnarr im lustig-bunten Wams, dem derlei Kunstobjekte ihren Namen verdankten. Doch auch unvollständig war die Figurinengruppe mehr als nur hübsches Vitrinendekor an der Seite handzerlesener einheimischer Weltliteratur von Molière über Balzac und Proust bis hin zu Sartre und Camus. Die massiven Holzsockel bewahrten nämlich die Bücher zwischen ihnen davor, herunterzufallen. »Monsieur«, rief Lucius in die Küche hinüber, wo Alphonse gerade den Käse aus dem Kühlschrank holte, »Ich vermisse die Frauen – die Colette, die Beauvoir. Und wo steht Françoise Sagan?« Weil er keine Antwort erhielt, stöberte er weiter und staunte immer mehr: fünf, sechs, nein sieben Bände deutsche Exilliteratur, teils in Erstauflagen! Was in Berlin und anderen Städten des Reiches 1933 auf den Scheiterhaufen verbrannte, hatte hier in Alphons' kleiner Hausbibliothek Zuflucht vor Goebbels Gesocks gefunden: Die Manns, Kästner, Tucholsky, Stefan Zweig. Sogar Bertha von Suttners »Die Waffen nieder!« stand da. Aufgeregt blätterte Lucius in den Hinterlassenschaften, die den Häschern und Feuerspeiern des NS-Regimes entgangen waren. Fürsorglich blies er ihnen den Staub von den Seiten. Für Freunde machte man das gern.

Es tat ihm gut, die vertrauten Namen auszusprechen und den Goldschnitt zu bewundern, der einige der Meisterwerke zierte, oder die gediegenen Leder- und Leineneinbände, auf denen Titel und Autoren in teils geprägten Lettern prangten. Selbst über die bunten Lesebändchen konnte er sich freuen, wie ein Kind über neues Spielzeug. Ob solche bibliophile Pracht im Zeitalter des billigen Taschenbuchs wohl überleben würde? Lucius erinnerte sich auf einmal an die letzten Gespräche mit seinen Verlegern in Deutschland, die ihm damals praktisch den Stuhl vor die Türe setzten, als sich vor allem seine beiden aufwendig gestalteten Kinderbücher kaum noch verkauften. Da half auch die Expertise des renommierten Münchner Buchwissenschaftlers Daniel Dachauer nicht, der Lucius mit einer umfangreichen Studie gewissermaßen beisprang und dem anspruchsvoll gemachten Buch eine durchaus gute Zukunft verhieß.

»Das gibt es doch nicht! Ich fass' es einfach nicht!« Lucius' ungläubiges Staunen wollte nicht enden. Unter einigen abgegriffenen englischsprachigen »Reader's Digest«-Heften, die wohl britische oder amerikanische Touristen zurückgelassen hatten, kamen zwei bibliophile Kostbarkeiten zum Vorschein, die das Sammlerherz des Literaturwissenschaftlers in einen wahren Glückstaumel versetzten. Die erste: Tartarin de Tarascons biografische Erzählung »Adorabler Alphonse Daudet«. Es war Tartarins originelles Dankeschön für Daudets literarisches Porträt über ihn, den tragischen Helden der Provence. Nicht einmal antiquarisch war dieses Werk mehr zu bekommen. Die zweite Perle, sozusagen die blaue Mauritius der deutschsprachigen Nachkriegsliteratur, war Günter Grass' von der Fachwelt lange unbeachtetes erzählerisches Erstlingswerk aus den späten 1940ern, eine vermutlich an Jean de La Fontaine geschulte Fabel: »Die Blechtrommelralle«. Es ging darin um einen seltenen, seltsamen Vogel in Indonesien, dessen Ruf wie eine Trommel klang und der noch als Küken beschließt, nicht erwachsen werden zu wollen. Wenn er sich ärgerte, ließ er mit einem schrillen Schrei Eischalen in Nachbargelegen zerspringen – amüsanter, lehrreicher Lesestoff, der aber niemanden interessierte. Erst als Grass Titel und Text überarbeitete, die Geschichte in seiner Heimatstadt Danzig ansiedelte und mit wehenden Hakenkreuzfahnen ausschmückte, verkaufte sich das Buch ab 1959 von einem Tag auf den anderen wie geschnitten Brot.

In Lucius' Gefühlsfeuerwerk über den unglaublichen Schatzfund platzte Monsieur Alphonse mit dem Zimmerschlüssel und dem bestellten Essen. Er drapierte Teller und zwei Gläser auf der von seinen Stammgästen gern als Schachbrett genutzten rot-weiß karierten Tischdecke, reichte Baguette, Butter, den etwas zu kalten Käse sowie eine Karaffe moussierenden »Chaton rouge«, einen im Dorf gern getrunkenen, sehr einfachen Tischwein der Kellerei »Schütt-Dibrunaut« aus Obernai an der elsässischen Weinstraße. Der Betrieb kämpfte seit längerem ums Überleben und hielt sich nur mit Billigangeboten über Wasser. »Der geht aufs Haus«, sagte der Spender mit einem merkwürdigen Gesichtsausdruck, um gleich darauf, wie zur Ablenkung, perlweinsüß schäumende Anekdoten aus den besseren Tagen Maladys aufzutischen: »Monsieur, es freut mich zu sehen, dass Ihnen meine kleine Handbibliothek so gut gefällt. Ich habe sie im Lauf der Jahre zusammengetragen, als ich noch viel auf Reisen war. In Lyon und Marseille gibt es so wunderbare Buchhandlungen und natürlich die Bouquinisten in Paris mit ihren Verkaufsständen entlang der Seine. Haute lecture, oh là là! Vielleicht überrascht Sie meine Liebe zu Büchern, aber mein Lebensmotto lautete schon von frühester Jugend an ›Lesen wie Gott in Frankreich!‹ Das sagte jedenfalls meine chère Maman zu mir, als ich noch klein war, und sie erzählte mir von einem Philosophen – Sie kennen ihn: Voltaire. Er soll gesagt haben: ›Lesen stärkt die Seele.‹ Ich sehe das genauso. Und Sie?« Lucius nickte. Wem stünde es zu, mit hungrigem Magen und einem schweren Kopf dem großen Freigeist zu widersprechen?!

Monsieur Alphonse war nicht mehr zu bremsen. Zur Ehrfurcht vor alten weißen Männern im Allgemeinen gesellte sich nun die Bewunderung für Émile Zola und dessen jüngeren Bruder Gorgon im Speziellen: »Die zwei stammten zwar aus Paris, gingen aber aus familiären Gründen bei uns, im nahen Aix, zur Schule. Émile verliebte sich dort in eine junge Verkäuferin. Viele Jahre später, er lebte da schon wieder in der Hauptstadt, setzte er ihr in dem Roman ›Das Paradies der Damen‹ ein literarisches Denkmal. Schön romantisch, nicht wahr?« Nach einem kleinen Seufzer fuhr er fort: »Entstanden ist das Urmanuskript hier im Sommer 1857 auf einer Wiese am Waldrand. Das war«, klärte der Wirt seinen einzigen Gast auf, »sozusagen die Geburtsstunde der Freilichtschriftstellerei und für Zola der Impuls, konsequent mit den Verkrustungen des akademischen Autorenbetriebs zu brechen. Immer wieder forderte er seine Kolleginnen und Kollegen auf, ihre Arbeit nicht länger in düsteren, verrauchten

Schreibstuben, in Büros, Salons und Cafés zu verrichten, sondern hinauszugehen in die Natur, um dort das Licht, die Luft und die Stimmungen für ihre Geschichten einzufangen. ›Travailler sur place‹ nannte Émile das. Seine Parole ›Wort für Wort vor Ort‹ verfing auch bei Literaten in anderen Ländern. Émiles Gedanke eröffnete so der schreibenden Zunft einen völlig neuen, frischen Blick auf die Welt. Nur zu verständlich, dass dieses Konzept fast zeitgleich auch Malerinnen und Maler in ganz Europa begeisterte, nicht wahr? Dass Émile den Anstoß zu dieser Entwicklung gegeben hat, ist zum Leidwesen seiner Jüngerschaft heute weitgehend in Vergessenheit geraten.«

Zu Lucius Überraschung setzte sich Monsieur Alphonse nun unaufgefordert zu ihm an den Tisch, nahm sich das zweite, noch unbenutzte Glas und schenkte sich ein. Er redete wie im Rausch: »Sein Bruder Gorgon machte übrigens in der Bretagne als Affineur einer Großkäserei Karriere. Kurz nach Émiles Tod eröffnete er im Januar 1903 in Rennes unter dem Namen seines Geschäftspartners den Molkereibetrieb Waltmann. Speziell die nach Gorgons Methoden verfeinerten Milchprodukte kamen bei den Feinschmeckern so gut an, dass man bereits im Lauf des Jahres 1905 Überlegungen anstellte, das Firmengeschäft auszuweiten – sogar Filialen beim Erbfeind Deutschland waren im Gespräch. Unvorstellbar bis dahin. Im Rennaiser Rathaus fand diese friedensstiftende Idee schon früh viel Zustimmung. Aber die Zeit war, wie man weiß, noch nicht reif für solche Visionen. Zum Tragen kam sie leider erst zwei Weltkriege später, vor rund fünf Jahren, wenn ich das richtig erinnere – dann aber mit französischer Verve.« Monsieur Alphonse glühte und sprühte: »Man vereinbarte mit einer Stadt in Bayern – wie hieß sie nur gleich? Er..., Er..., Erl..., der Name liegt mir auf der Zunge – eine kommunale Partnerschaft. Wie es sich für eine ordentliche französische Liaison gehört, wurde die neue Freundschaft mit reichlich Champagner begossen und in ... Erlangen, jetzt hab' ich's, wurde in der Altstadt, wie sagt man auf Deutsch, quasi als Brautgabe, die erste Dependance von Waltmann Camembert & Co. in Deutschland eröffnet.«

La bouche parle de l'abondance du coeur. Wes das Herz voll ist, dem geht der Mund über. Den Evangelisten Matthäus ganz bei sich, schwoll Monsieur Alphonse' literaturpatriotischer Redefluss, den unterschiedlichste Quellen und Nebenarme speisten, so schnell und heftig an, dass Lucius, entkräftet wie er war, darin zu ertrinken drohte. Eine Weile noch klammerte er sich an den einen oder anderen Wortfetzen, der an ihm vorüberrauschte – bis er schlichtweg nicht mehr konnte. Seinem Gegenüber fiel das nicht auf, zu sehr war er mit sich selbst beschäftigt. »Ach«, seufzte er bedauernd mit den Armen gestikulierend, »ich wünschte, ich könnte Ihnen ... Was leider auch zu wenig bekannt ... Aber Sie, mon ami ... Bücher sozusagen schon in die Wiege ... Bereits mein Urgroßvater ...« Irgendwann legte Lucius das Besteck scheppernd auf den leeren Teller, schnippste gedankenlos die letzte Olive in den Raum, sah auf und blickte grimmig in ein Gesicht, an das er sich vage zu erinnern glaubte und das sich im selben Moment wie ein erschrecktes Huhn flatternd fluchtartig entfernte. Lucius sah sich um. Plötzlich allein auf weiter Flur schien ihm der Augenblick geeignet, alles, was ihn schon seit Stunden bedrückte, einfach hinter sich zu lassen. Eine mächtige Knallgasexplosion kehrte, was in ihm gärte, dampfend-heiß nach außen: »Pfffffffuupppppphh...«

Obwohl es keine Zeugen für sein Tun gab, hielt Lucius es in einem kurzen lichten Moment für angebracht, sich nach oben auf sein Zimmer zurückzuziehen. Er griff nach seiner Kappe, die über der Stuhllehne hing, nahm die noch halbvolle Karaffe mit dem Hauswein, schulterte den Rucksack, packte Tasche und Schreibmaschine und balancierte in geradezu artistischer Manier alles zusammen die Treppe hinauf, ohne auch nur einmal zu stolpern. Es war unglaublich.

Sein Logierquartier war leicht zu finden. Es gab nur eines auf der Etage, und Monsieur Alphons hatte es bereits aufgeschlossen und die Türe einladend weit geöffnet. Bevor Lucius allerdings über die Schwelle trat, begann er ohne recht zu wissen warum, den Türstock des sogenannten Historischen Zimmers akribisch nach Spuren von Holzwurmbefall zu untersuchen – eine seltsame Szene und wohl nur mit den noch frischen traumatischen Erfahrungen zu erklären oder wenigstens mit dem düsteren Flur und dem Halbdunkel, das in Lucius' Hirn herrschte. Er selbst nahm sein Handeln nur eingeschränkt wahr. Wie ein Schlafwandler betrat er den Raum, ohne sich groß umzusehen. Aber er fühlte, dass er nicht alleine war. Sein verlorener Freund Heinrich hatte sich heimlich in seinem Unterbewusstsein eingenistet, nur um wieder einmal über ihn spotten zu können: »Vive la Trance!« rief er laut und machte sich dabei vor Lachen fast in die Hose. So hatte sich Lucius den Süden nicht vorgestellt.

Malady-sur-Mer | Kerzen für Guignol

Lucius hatte erst spät zu einem erholsamen Schlaf gefunden, aber am Morgen zeigt er sich fest entschlossen, das Leben neu anzugehen. Seine ersten Schritte durch den erträumten Kraftort Malady-sur-Mer führen ihn von einem besonderen Kasperltheater über ein Paradies für Feinschmecker bis hin zu dem einstigen Stammsitz einer Parfümeurs-Dynastie – eine kuriose Collage von Begegnungen und Erfahrungen.

Lucius hatte erst weit nach Mitternacht seine Unrast abgelegt und in einen traumlosen, ruhigen Schlaf gefunden. Als Stunden später die Sonne durch das Dachfenster lachte, regten sich allmählich seine Lebensgeister. Er blinzelte, drehte sich zur Seite und überlegte kurz und ergebnislos, wie es an diesem Samstagmorgen um ihn stand. Ratlos schenkte er seine ganze Aufmerksamkeit dem vor seinem Bett herumwirbelnden Staub, der von einem grellen Lichtbündel in Szene gesetzt ein munteres Tänzchen aufführte. Die Beinahe-Backofen-Temperatur, auf die sich die Umluft im Zimmer längst schon wieder aufgeheizt hatte, machte es Lucius nicht leicht, sich zu erheben. Schließlich tat er es. Er wusch sich, bestrich bedächtig die Achselhöhlen mit seinem Inexcelsis-Deostift, der laut Werbung ein himmlisches Gefühl unter den Armen versprach, zog sich an, ging in den Gastraum, trank eine Schale Milchkaffee und aß ein Croissant dazu. Nach dem kleinen Frühstück trat er entschlossen vor die Tür, streckte energisch die zu Fäusten geballten Hände weit zur Seite und legte den Kopf in den Nacken, als wolle er erlöst gen Himmel fahren. Aber Lucius genoss einfach nur den von einer wunderbaren Stille umströmten leichten Wind auf seiner Haut. So konnte der Abschied vom kalten, schmerzlauten Leben beginnen. Von heute an wollte Lucius den Augenblick, als ihn die Fortüne verließ, wollte er Paris und alle Pein, die er damit verband, aus seinem Gedächtnis löschen und nur noch das Gute, das Lebenswerte, das Neue an sich heranlassen. Das versprach er sich hoch und heilig. Er war frei und musste nur seiner Nase folgen.

Die führte ihn schnell weg von seinem Quartier, quer über die Grande Place und die sich anschließende kleine Place Maréchal Pétanque, wo zwei Männer in ein Boule-Spiel vertieft gemächlich gestikulierend ihr silbern schimmerndes Glück mit einem weichen Wolllappen polierten. Vorbei an einer Metzgerei, deren Auslage unübersehbar vor allem die Fleischeslust kleiner geflügelter Genießer weckte, betrat Lucius bald das noch vom Vormittag beherrschte Halbschattenreich der holprigen kopfsteinernen Gassen, die den gesamten Ort durchzogen. Eine unbarmherzige Sonne trennte wie mit einem herabsausenden Richtschwert die engen Wege messerscharf in zwei ungleiche Teile, meist in einen schmalen, blendend hellen und einen breiteren, tief dunklen. Die harten Kontraste schmerzten Lucius' Augen, aber mehr noch taten dies das Mitleid erregende Trauergrau der gramgebeugten Hausfassaden mit ihrem ausgebrochenen Gemäuer und die Tristesse der Fensterläden, deren Farbe längst verblichen war. Wie schon an der großen Chaussee, an der ihn der Busfahrer gestern abgesetzt hatte, war nirgends ein Laut zu vernehmen, der auf Leben schließen ließ. »Alles hat seine Zeit«, dachte Lucius, während er planlos voranschritt, »bis auf den Fluch, der in dieser Behauptung steckt.« In der Tat schien etwas ewig Verwunschenes, Krankes, auf schaurige Weise Märchenhaftes auf Malady zu lasten. Ja, der Ort erweckte den Eindruck, als gebe er sich alle Mühe, von Fremden unentdeckt zu bleiben, so wie die Aussätzigen in ihren Höhlen vor den Mauern des alten Rom.

Zufall? Schicksal? Nachdem sie eine Weile gemeinsam gegangen waren, führte Lucius' Nase ihn am Ende einer der schmalen Gassen auf einen Kirchhof, den fast zur Gänze eine hübsche neugotische Kapelle einnahm. Zwei Besonderheiten trugen, wie Lucius aus seinen Büchern über Malady-sur-Mer wusste, zu ihrer Bekanntheit bei. Zum einen verehrte man hier den aus Lyon stammenden Nationalheiligen der Kinder, Guignol, zum anderen beherbergte das kleine Gotteshaus ein wahrscheinlich weltweit einzigartiges katholisches Kasperltheater – ein beliebter Wallfahrtsort für junge Familien sowie Ketzer, Komiker und Puppenspielervolk aus aller Herren Länder. Nun stand Lucius also schwer beeindruckt vor diesem mächtigen Solitär, von dem er vor 20 Jahren erstmals gehört und später seinen Töchtern erzählt hatte. Mit dem gut zwei auf drei Meter messenden schweren Korpus aus dunklem normannischen Eichenholz glich er auf den ersten Blick einem ganz gewöhnlichen, wenn auch massiven Beichtstuhl. Im Unterschied dazu verfügte das semi-sakrale Möbelstück jedoch nur über ein einziges schmales Türchen, das sich zum Altar hin öffnen ließ. Auf der Vorderseite verbarg ein schwarzer Samtvorhang den Blick auf eine kleine Bühne. Die schmucken Schnitzereien über ihr erzählten das Beste aus biblischen Geschichten. In früheren, alten Zeiten mochte dies so etwas wie das Vorprogramm zur Predigt gewesen sein.

»Ja, ja, unser kleines, feines Theater der frohen Botschaft – neben der prächtigen Kanzel war es lange der Stolz der Kirchengemeinde.« Marie Deuxpoint-Zéro, die alte Messdienerin, die routinemäßig um diese Stunde noch immer ihren Rundgang durch das Gebäude machte, trat hinter einer der steinernen Säulen hervor. Sie hatte Lucius' Interesse erkannt und bemühte sich nun, dieses aus voller Ammenbrust zu stillen: »Das gute Stück entstand 1833 auf Initiative unseres damaligen Ortspfarrers Monsignore Charles Lathane, Gott hab' ihn selig. Es war ursprünglich tatsächlich ein Beichtstuhl. Weil der aber nur äußerst selten in Anspruch genommen wurde, ließ der Monsignore ihn einfach umbauen, unglücklicherweise ohne das erzbischöfliche Ordinariat dafür um Erlaubnis zu bitten. Sie müssen wissen, Lathane war ein sehr unabhängiger, aufgeschlossener, ja moderner Priester. Ich und einige Ordensschwestern verehren ihn bis heute. Vielleicht haben Sie die Gedenktafel an der Pforte gesehen? Er trat für mehr Mitspracherechte der Frauen im Gemeindeleben ein, und er liebte es, wie wir aus seinen Memoiren wissen, die Gläubigen, die die Heilige Messe besuchten, zum Lachen zu bringen. Wer lacht, sagte er immer, ist nah beim Herrn – deshalb das Kasperltheater, von dem aus er regelmäßig Gottes Wort verkündete. Davor und danach sorgte der Monsignore mit einem kleinen Ritual für viel fromme Fröhlichkeit bei den andächtig Versammelten. Dazu zog er den schwarzen Vorhang auf, lehnte sich über die angedeutete Vorderbühne und fragte, bevor er zu predigen begann, mit verstellter, heller Stimme, so wie man Kinder anspricht, auch die der Heiligen Mutter Kirche: ›Na, liebe Sünderinnen und Sünder, seid Ihr alle da?‹ Das muss ein Heidenspaß gewesen sein. Und dann, am Schluss des Gottesdienstes, noch vor dem Segen, bekam eine Handpuppe, die den Teufel verkörperte, so wie sich das gehört, vom Kasperl mit dem Weihwedel ordentlich eins übergezogen, dass es nur so spritzte. Darauf warteten Alte wie Junge jedes Mal ganz begierig. Manchmal toste der Applaus so sehr, dass Lathane Zugaben geben musste, bis ein munteres Gurgeln der Orgelpfeifen, das Klimpern des Klingelbeutels und Glockengeläut die Gemeinde zum Aufbruch drängten.« Marie seufzte vernehmlich: »Heute gibt es das alles nicht mehr. Aber was ich Ihnen noch erzählen wollte: Als der Vatikan von Charles Lathanes Eigenmächtigkeiten erfuhr, war schnell Schluss mit lustig, Gottesdienste in dieser Form wurden vom Heiligen Stuhl strengstens untersagt. Auf Nachfrage unserer Gemeinde teilte uns der damals in Rom für lithurgische Grenzüberschreitungen zuständige Kurienkardinal mit – übrigens ein Deutscher, Günter Gotthilf Schabowski –, dass diese Regelung, wie er schrieb ›ab sofort, unverzüglich‹ gelte. Charles Lathane wurde nach Italien in die Abtei San' Riso Vietato im Norden des Gran-Sasso-Gebirges verbannt. Der berüchtigte Padre Benito führte dort den Orden der Schwarzkutten mit harter Hand. Die Novizen mussten beim Eintritt in den Kreis der Fratres das sogenannte Ewige Gelübde der Humorlosigkeit ablegen. Ein Blick in das Regelwerk der Klostergemeinschaft konnte schon einem Außenstehenden das Lachen verleiden. So begann jeder Tag hinter den Mauern der Abtei noch vor dem ersten Morgenrot mit den sogenannten Laudes zum Lob des Großen Lichts, das das Vaterland erhellen und das Volk erleuchten sollte. Nach der üblicherweise darauf folgenden Andacht berauschte sich die versammelte Bruderschaft an rhythmischen ›Luce! Luce!‹-Rufen. Das war so etwas wie ihr Vaterunser. Später nannten sie es das ›Nostro Duce‹ (›Führerunser‹). Dazu streckte jeder den rechten Arm zur aufgehenden Sonne. Manchmal war ihr Geschrei dabei noch im Nachbardorf zu hören, und zwar so laut, dass es selbst das Gebrüll des verschreckten Fleckviehs, das schon auf der Weide stand, mühelos übertönte. Wie die Ortschronik berichtet, seien sogar immer wieder einmal Kühe wahnsinnig geworden und hätten beim Melken Buttermilch gegeben. Noch meine Großmutter«, sagte Marie nachdenklich, »sprach lange von einem Fluch, der auf dem Kloster liege. Aber das ist eine andere Geschichte. Mit unserer Gemeinde hier ging es jedenfalls nach dem erzwungenen Weggang unseres geliebten Charles Lathane bergab.« Die alte Messdienerin verdrückte heimlich eine Träne und deutete verlegen lächelnd einen Kuss auf Lucius' linke und rechte Wange an. Dann verschwand sie leise und ohne ein weiteres Wort, wie auf einer Wolke schwebend, in die Sakristei. Auch Lucius ging seiner Wege, freilich nicht ohne rasch noch zwei Bittkerzen für seine beiden Töchter anzuzünden und einige Francs in den Opferstock zu werfen. Der steinerne Guignol, der neben dem Eingang aus einer Nische heraus Gottesfürchtige und Agnostiker gleichermaßen amüsiert grüßte, nahm diese Geste sichtlich freudig zur Kenntnis.

Gleich hinter dem Kirchhof, nicht weiter als ein eilig dahingesprochenes Stoßgebet entfernt, lag das Geschäft eines in einem früheren Leben gewiss exklusiven Herrenbestatters. Möglicherweise wegen ausbleibender Laufkundschaft, sicher aber wegen Maladys wirtschaftlichem Niedergang, hatte es schon vor Längerem das Zeitliche gesegnet. So verwunderte es Lucius nicht, dass die im Schaufenster hinter dem heruntergelassenen Rollgitter liegengebliebenen letzten Hemden der Marke »Van Laack's Dernier Cri« nicht den aktuellen Modetrends entsprachen.

Ein paar Schritte weiter zog ein palastähnliches, mit allerlei architektonischem Zierrat dekoriertes Gebäude die Blicke auf sich. Was aus dem eher bescheidenen baulichen Umfeld auf den ersten Blick unangemessen herausstach, erwies sich bei näherer Betrachtung als das Hôtel de ville, das Rathaus. Es tanzte gewissermaßen staatsgeschäftsmäßig aus der Reihe, um dem Anspruch, den die Grande Nation an sich selbst stellte, gerecht zu werden. Und so schmückten selbstverständlich auch am Wochenende, also außerhalb der Publikumszeiten, die Farben der Republik, das gestreifte Renommierrot-Weiß-Blau der Trikolore, das politische Machtzentrum Maladys, den ersten Stock mit den Diensträumen des Oberbürgermeisters, die sogenannte OBel Etage. »Noblesse oblige, sogar an arbeitsfreien Tagen!« Lucius zollte Frankreichs öffentlichem Dienst und dessen sichtbar sonnenköniglichem Selbstverständnis ehrliche Bewunderung. Allein schon die Fahne – wie sie so am Mast hing und einfach ignorierte, dass gar kein Wind wehte, das hatte Größe. Das edle bunte Tuch verkörperte zu Recht das stoische Heroische der Republik und war selbst hier ihr ganzer Stolz.

Lucius ließ sich derweil weiter durch das Gassengeflecht dieser ihn unerwartet immer wieder aufs Neue seltsam berührenden Ansiedlung treiben. Wie schon bei seiner Ankunft tags zuvor lag ein beklemmendes Schweigen über ihr, das ihn verstörte. Nur ganz selten huschten Menschen an ihm vorüber. Sie schauten nicht auf, geschweige denn, dass sie grüßten. Selbst einige der Häuser und ein gar nicht so kleines Gehöft, an denen er vorbeikam, schienen sich vor ihm, dem Unbekannten, wegzudrehen. So war Lucius sichtlich froh, als der Weg, den er eingeschlagen hatte, in ein größeres, sonniges Platanenkarree mündete, das seine Beklemmung zu beenden versprach. Eine dieser typisch französischen, geschmeidig geschwungenen Sitzbänke lud ihn formvollendet ein, sich zu setzen, und Lucius nahm dankbar an. Doch bald stellte er fest, dass die vermeintliche Idylle trog – ein Brunnen, der nicht sprudelte, kein fröhlicher Lärm spielender Kinder, kein Rufen mahnender Mütter oder besorgter Babysitter. Dazu niedriges, bis ins Mark ausgedörrtes Mauerwerk, das die Überbleibsel von Sträuchern und Blumenrabatten umfasste. Insekten machten sich längst nicht mehr die Mühe, hier nach Nahrung zu suchen. Auch Lucius zog es fort, zumal er trotz der Hitze großen Appetit verspürte. Und Durst.

In seinem Kopf schien mit einem Mal nur noch Platz für Tischlein-deck-dich-Phantasien. Jeder Gedanke, jedes Wort, das ihm in den Sinn kam, formte sich ganz ohne sein Zutun augenblicklich zu kleinen Köstlichkeiten der mediterranen Küche. Zum Glück musste er die Brasserie »Chez Charlotte Échalote«, die Monsieur Alphonse ihm empfohlen hatte, nicht lange suchen. Sie befand sich, wie er erfreut feststellte, gleich in der Nähe. Hier wollte er es sich für eine Weile gut gehen lassen. Er hatte es sich verdient.

Entspannt, ja in sich ruhend, betrat er die Veranda und nahm an einem Tisch Platz, der ausreichend Schatten und Abstand zu den anderen Gästen bot. Schwanzwedelnd assistiert vom Hund des Hauses, einem spanischen Podengo namens Pablo, ein hübscher Kerl, der sich bestens darauf verstand, eine Speisekarte zu apportieren, falls jemand danach fragte, trat alsbald Charlotte, die junge Inhaberin, die eigentlich Amélie hieß, an Lucius heran. Sie trug eine klassische Marinière, dieses leichte blau-weiße Ringelhemd, dem französische Seebäder einen Gutteil ihres Reizes verdanken, sowie einen kurzen, kniefreien weißen Rock und nicht minder blütenweiße Leinenschuhe. Sie wirkte damit gleichermaßen unschuldig wie verführerisch, gar nicht, als wolle sie lediglich eine Essensbestellung entgegennehmen. Vielmehr schien sie auf ihren Einsatz an der Seite der einheimischen Leinwandikone, der blonden Weinkönigin Brigitte Bordeaux, oder des deutsch-englischen Frauenschwarms Lemon-Curd Jürgens zu warten. Die beiden Filmstars zelebrierten gerade in den französischen Kinos ausgelassen das sagenhafte Savoir-vivre von Saint-Tropez.

Amélie erinnerte Lucius aber vor allem an eine verflossene Liebe aus Studienzeiten. Die beiden silbernen Spangen, die ihren brünetten Prinz-Eisenherz-Schopf an den Schläfen bändigten, ihre knabenhafte Statur und das lustig-listige Lächeln ihrer haselnussbraunen Augen überstrahlten für einen langen kurzen Moment Lucius' Hungergefühl. Doch Amélie drängte höflich, und auch Pablo hatte offenbar noch Wichtigeres zu tun, als auf die Speisenwahl des aus seiner Sicht ungebetenen Gastes zu warten. Jedenfalls deutete ein leises Knurren auf seine Ungeduld hin. So orderte Lucius nach zwei Tagen vor allem flüssiger Depressionsdiät in, wie er sich später vorhielt, ein bisschen großspurigen Versalien »DAS BESTE«, was der

Koch zu zaubern imstande sei. Das deckte sich, der Zufall wollte es so, im Wesentlichen mit dem Plat du Jour, also mit Suppe, Salat, zartem Hühnerbrustfilet an würziger Tapanade und einer süßen Überraschung zum Nachtisch. »Wasser und Wein«, ergänzte Amélie, »berechnen wir extra.« Schon das leckere Lupinensüppchen ließ Lucius verzückt die Augen verdrehen und mit der Zunge schnalzen. Und erst der herbstliche Salat an marokkanischer Salzzitrone, schwarzen Oliven und Chicorée als zweiter Gang ... »Mmmhhh!« Lucius fühlte sich wie in Lukullus' Lustgarten Eden, in dessen Mitte, in der Salle à manger, viele weitere Speisen verführerisch dufteten. Ob es Sünde wäre, von diesem Buffet der Erkenntnis zu kosten, obwohl man nur das Standardmenü geordert hatte? Und wenn er es täte, würde ihn der Gott der Gourmets umgehend aus dem kleinen Feinschmeckerparadies vertreiben? Amélie bemerkte Lucius' von Wein und Hitze verwirrten Blick und bat vorsichtshalber Chef Arik Koulin, sich dieses Gastes anzunehmen.

»Ich habe gehört«, sagte Lucius zu ihm, nun wieder völlig bei sich, »dass Ihre Brasserie vom Restaurantführer ›Guide Haute Cuisine‹ mit dem begehrten ›Silbernen Suppenlöffel‹ ausgezeichnet wurde. Meine Gratulation. Bin schon sehr auf die weiteren Gänge gespannt.« Koulin nickte bescheiden und begann ein wenig aus seinem Leben zu plaudern: »Die Leidenschaft fürs Kochen ist gewissermaßen ein Vermächtnis meines Vaters. Ihm gehörte nämlich ein Imbissstand gegenüber dem ehemaligen Papstpalais in der historischen Altstadt von Avignon, das »Seul Amuse-Gueule«. Als Kind half ich ihm öfter beim Frittieren der Pommes frites. Nach der Schule legte ich dort mit Erfolg die Prüfung zum kleinen Küchenlatinum ab.« Er schmunzelte und deutete dabei diskret auf eine Frau, die ein paar Tische entfernt saß. »Die Dame dort ist übrigens eine frühere Stammkundin meines Vaters. Sie kommt trotz ihres hohen Alters manchmal noch hierher, um ihre Erinnerungen an ihn mit einem kühlen Pastis aufzufrischen und ein paar warmherzige Worte mit mir über Papa zu wechseln. Aber das nur nebenbei. Mein beruflicher Erfolg heute fußt natürlich maßgeblich auf meiner Ausbildung bei meinen beiden großartigen Lehrmeistern Paul Combuse und Alain du Casserole, zwei wahren Hexern am Herd.« Ersterer genoss, wie selbst Lucius, der zuhause eher einfacher Kost zuneigte, wusste, weltweit Ruhm als Erfinder der Platz sparenden Bordküche, einer Weiterentwicklung der berühmten Frankfurter Küche aus Bauhaus-Zeiten. Der andere, du Casserole, wurde unter Kennern als Vorreiter des Menümalismus verehrt. »Sein auch ins Deutsche übersetzte Lehrbuch ›Kochen ohne Kokolores‹ findet man heute praktisch in jedem gastronomischen Betrieb, der auf sich hält«, ergänzte Koulin und verriet seinem Gast gleich auch noch sein hausgemachtes Leitmotiv: »Das Auge kostet von allem, der Gaumen genießt das Beste davon, und die Seele flüstert wissend: Liebe geht durch den Magen.« »Es stimmt schon«, ergänzte Lucius lachend, »Kochen ist die wahre Philosophie, und wenn nicht, dann bestimmt die bekömmlichste.«

Er nippte noch nachdenklich an seinem Weinglas, während Amélie bereits den Hauptgang servierte, und fragte dann in Richtung Koulins: »Von wem stammt dieses Zitat eigentlich?« Da sei sich die Forschung ziemlich uneins, antwortete der: »Die einen nennen Johannes Laferus, den Speisekammerdiener Friedrich II. als Quelle, wenn nicht sogar den suppensinnigen Monarchen selbst. Die Mehrheit in unserer Branche meint aber, dass es aus dem Munde eines anderen Preußen stammt, nämlich dem des heute zu Unrecht im Schatten des philosophierenden Hobbykochs Immanuel Kant stehenden Thomasius Schmandt-Schmalhans. Er bekleidete immerhin, das ist belegt, den Rang eines Ständigen Vorkosters und Küchenmeisters am Hofe Friedrich Wilhelm I., dem sogenannten Rouladenkönig. In dessen Auftrag verfasste er übrigens auch seine Denkschrift ›Kritik des reinen Genusses‹ – besonders interessant wegen der ersten schriftlichen Erwähnung des Rezeptes für Königsberger Klopse. Schmandt-Schmalhans entwickelte sie aus den traditionellen Königsberger Kantsteinen. Die waren vor allem in soldatischen Kreisen recht beliebt, weil sie sicher und Platz sparend im Tornister gestapelt werden konnten und beim Marschieren im Gelände nicht verrutschten. Letztlich setzten sich die schmackhafteren Klopse durch, wohl auch deshalb, weil Schmandt-Schmalhans' Gattin zu ihnen eine schmackhafte Kapernsoße komponierte. Den warnenden Stimmen aus Kreisen der Generalität, dass derlei Kapriolen den Einstieg in die Verweichlichung des einfachen Soldaten und langfristig sogar den Untergang Preußens befürchten lasse, schenkte damals kaum jemand Glauben. Heute wissen wir das natürlich besser. Aber hinterher ist man immer klüger.«

Beeindruckt von Koulins küchenhistorischen Kenntnissen prostete Lucius ihm voller Bewunderung zu, um gleich darauf sein Tête-à-Tête mit dem delikaten Hühnerbrüstchen angemessen zu begießen. Die dazu erforderliche zweite Karaffe mit einem charmanten

Chardonnay darin stand bereits vor ihm, als ein etwa gleichaltriger grauhaariger Herr in eleganten geflochtenen Derbys und einem beigen Sommeranzug auf ihn zutrat: »Entschuldigen Sie«, sagte er auf Deutsch, »wir sind uns heute Vormittag in unserem gemeinsamen Quartier schon kurz begegnet. Ich bemerkte, dass Sie ein Landsmann sind. Landsleute trifft man hier derzeit eher selten. Gestatten Sie, dass ich mich zu Ihnen setze?« Zunächst empfand Lucius den Wunsch als ein wenig aufdringlich, aber die heimatlichen Laute erstickten seinen Unwillen bereits im Keim, denn eigentlich taten sie ihm gut. Er hatte, außer mit Heinrich, und das zählte nach der vorletzten Nacht nicht mehr, lange kein Deutsch gesprochen. So nickte er einladend, deutete auf den freien Stuhl an seinem Tisch und bat Amélie, noch ein Gedeck aufzulegen.

»Mein Name ist Reinhart, Jürg Reinhart«, stellte sich der Mann vor. »Angenehm«, sagte Lucius, ohne auch nur eine Spur Neugier auf sein Gegenüber anzudeuten. Sein augenblickliches Interesse galt erkennbar ausschließlich dem Finale des Hauptgangs: dem sorgsam aufgesparten Rest an bester braunbuttriger Bratensoße. Sorgsam und voller Vorfreude entnahm er dem in einem hölzernen Tischkörbchen bereitgelegten Baguettestück einen dicken weichen Bausch der duftenden Krume und schürfte damit genüsslich das flüssige Gold auf seinem Teller. »So ein Brot«, nuschelte er vollmundig vor sich hin, »gehört eigentlich auf eine Weltkulturerbeliste. Das sollte die UNO mal ...«

Lucius stockte, sah auf und schüttelte den Kopf: »Jürg Reinhart?! Oh, ich Trottel. Entschuldigen Sie bitte meine Unhöflichkeit, ich habe Sie nicht gleich erkannt. Natürlich weiß ich, wer Sie sind. Jürg Reinhart, der berühmte Wissenschaftsjournalist der FBZ. Sie und die ›Frankfurter Besondere Zeitung‹ standen doch im vergangenen Jahr ungewollt im Mittelpunkt einer veritablen diplomatischen Krise zwischen den USA und der Sowjetunion. Ihr Gesicht ging damals durch die Weltpresse.« »Das stimmt«, antwortete Reinhart schmunzelnd. »Ich war für den neu geschaffenen Pulitzer-&-Pritzker-Preis nominiert. Gewürdigt werden sollte damit mein Buch ›Die Architektur der interstellaren Lautverschiebung‹, für das ich neueste Arbeiten eines russischen Forscherteams aus dem Jahr 1961 auswerten durfte. Zur Feier des 44. Jahrestages der Oktoberrevolution hatte nämlich ein Kollektiv von Wissenschaftlern und Wissenschaftlerinnen der Universität Moskau dem Kosmonauten Juri Gagarin bei seinem ersten

Weltraumflug einen Versuchsaufbau mit verschiedenen kristallinen kyrillischen Konsonanten sowie zum Vergleich auch ein paar Vokale mit in die Erdumlaufbahn gegeben. Der Kreml wollte unbedingt vor den Amerikanern die Auswirkungen der Schwerelosigkeit auf Mitlaute untersuchen. Unter anderem wollte man wissen, ob beispielsweise aus einem ›K‹ ein ›G‹ und aus einem ›P‹ ein ›B‹ würde, wenn man die Buchstaben nur lang genug der Erdanziehungskraft entzöge. Für künftige Flüge ins All, auch für die KPdSU, die kommunistische Staatspartei, vor allem aber wohl für deren Chef, Generalsekretär Leonid Breschnew, hätte das im Falle eines Falles sehr wahrscheinlich fatale, wenn nicht sogar letale Folgen nach sich gezogen. Ich schätze, zumindest der Gulag wäre ihm sicher gewesen.

Die Amerikaner kümmerte das Gagarin-Experiment im Grunde genommen eher wenig, aber im Kampf der Systeme gönnten sie den Russen nicht einmal in linguistischer Hinsicht einen Hauch von Überlegenheit. Als dann mein Buch im letzten Herbst erschien, protestierte US-Präsident Lyndon B. Johnson daher umgehend gegen dessen Veröffentlichung sowie die mir in dem Zusammenhang zugedachte Ehrung. Auf Druck Washingtons zog das Preisgericht danach die Nominierung zurück. Daraufhin verweigerte der Sponsor des Wettbewerbs, die angesehene Fachzeitschrift ›The International Daily Planet‹, in Person ihres Herausgebers Clark Kent aus Protest gegen den Juryentscheid jegliche weitere finanzielle Unterstützung. Schließlich wurde die Veranstaltung komplett abgesagt und die Auszeichnung nie wieder ausgelobt. Ich sage Ihnen: Ein ordentlicher Wirbel war das, eine richtige Kaskade der Kleinlichkeiten. Erst jetzt, nach der Mondlandung von Apollo 11 im Juli, normalisiert sich die Situation wieder. Die Amis hatten ja erreicht, was sie erreichen wollten.«

Während Lucius schon gespannt dem Nachtisch entgegenzüngelte, bemühte sich Reinhart, der ebenfalls das Tagesmenü geordert hatte, aber während seiner Ausführungen kaum zum Essen gekommen war, Bissen für Bissen aufzuholen. Gelöst lächelten und prosteten sich die zwei Männer einander wie langjährige gute Freunde zu. Gemeinsam genoss man Koulins Köstlichkeiten, die rasch gewonnene Vertrautheit, den Schatten, den die Sonnenschirme auf der Veranda spendeten, und ein Extragläschen »Chateauneuf-du-Papperlapapp«. Die Traubenlegende beschloss den Hauptgang. Zu beider Freude ging der auf der Weinkarte zu einem gehobenen Preis angebotene Tropfen aus der Region aufs Haus. Derart beglückt und auch vom

Tiefgang ihres Gedankenaustausches berauscht, begannen sie, aus voller Kehle ein altes Wiener Winzerlied anzustimmen: »Wein, Wein, nur du allein, sollst stets der Trank meiner Träume sein ...«

Schon nach der ersten Strophe ging alle Grinzing-Seligkeit in lautem Gelächter unter. Als sich die beiden Sangesbrüder einigermaßen beruhigt hatten, nahm Lucius den Gesprächsfaden neu auf: »Stehen Sie eigentlich noch im Kontakt mit Ihrem alten Bekannten Max Zürcher?« Reinhart runzelte sichtlich erstaunt die Stirn: »Davon wissen Sie?« »Na ja«, sagte Lucius, »ich glaube, das Schweizer Schriftstellermagazin ›Federmäppli‹ erwähnte Sie in einem Autorenporträt Zürchers.« Reinhart bestätigte Lucius' Erinnerung: »Das war die Geschichte mit Inge Borg-Buchmann. Deshalb ging auch unsere Männerfreundschaft in die Brüche. Max' Probleme mit Frauen und der Eifersucht waren ja schon während seiner ersten Ehe kein Geheimnis mehr, seit es die ›Galant International‹ publik gemacht hatte. Seine manchmal erschreckende Kälte gegenüber Frauen wurde mir so richtig bewusst, als ich ihn und Inge 1961 in Rom besuchte. Eines Abends kam sie völlig verheult und außer sich zu mir ins Hotel. ›Weißt du, was er zu mir gesagt hat?‹ fragte sie mich, wobei sie Zürchers Akzent nachäffte: ›Was kann man von euch Weibern denn schon lernen? Doch höchstens, wie man feine lange Strümpfe anzieht, ohne sie gleich zu zerreißen, oder?‹« Er könne sich gut vorstellen, ergänzte Reinhart, wie Max dabei nach jedem zweiten oder dritten Wort die nächste Gehässigkeit vorbereitend genüsslich an seiner Pfeife sog und Inge mit dem Rauch auch eine klammheimliche Geringschätzung ins Gesicht blies. »Die Ärmste! Noch bevor ich ihr zur Nervenstärkung beim Zimmerservice einen doppelten ›Frauengold‹-Likör bestellen konnte, verdrehte sie die Augen, umschlang meinen Kopf und küsste mich – so leidenschaftlich, dass ich nicht anders konnte, als ihr augenblicklich zu verfallen. Ich wurde beinahe verrückt vor Begehren, wünschte mir, dichten zu können wie sie, liebkosen zu können wie sie. In den Folgewochen schickte ich ihr fast täglich rote Rosen und schrieb ihr nachtlagernd schmutzige Briefe.«

Lucius musste plötzlich an Candy denken und fühlte so etwas wie eine verspätete Solidarität mit Reinhart: »Aber die Liebesmüh' war vergeblich, nicht wahr?« Reinhart nickte: »Dass sich Max und sie irgendwann trennen würden, war spätestens ab diesem Abend absehbar. Manche spekulieren sogar, Henry Kissinger, der heutige Nationale Sicherheitsberater der USA, der sich in Harvard bereits einen Namen als Spezialist für internationale Affären gemacht hatte, habe auch da seine Finger im Spiel gehabt und, wahr oder nicht, eine alte Beziehung mit Inge aus dem Jahr 55 nochmal aufleben lassen wollen. Kann aber auch sein, dass ihm die politischen Entwicklungen in Süd-Vietnam jede Lust auf solche Amouren verdarben. Ich weiß es schlicht nicht. Wahrscheinlich weiß es Inge selbst nicht so genau. Max ist ja inzwischen wieder mit einer Jüngeren verheiratet und viel auf Reisen. Demnächst fliegen die beiden – oder waren sie schon dort, ich bin mir nicht sicher – nach Tokyo. Im ›Deutschlandfunk‹ schwärmte Max jedenfalls neulich versonnen vom ›Land der aufgehenden Wonne‹. Ich ahne, was er damit meinte. Aber lassen wir das lieber. Sicher ist, er wollte dort den Philosophen Fuji Katosan, ein angesehener Denker des Nippon-Nihilismus, zu einem Gedankenaustausch treffen. Ich vermute aber, Max flieht nur vor den gesellschaftlichen Entwicklungen zuhause. Dass die Frauen in seinem Heimatkanton kürzlich eine Volksabstimmung gewonnen haben und künftig wählen dürfen, meines Wissens sogar, ohne vorher ihren Mann um Erlaubnis bitten zu müssen, hat ihn bestimmt persönlich tief getroffen. Vielleicht tut es ihm deshalb ganz gut, wenn er sich von seiner neuen Frau oder von ein paar niedlichen Geishas Kirschblüten in den heißen Badezuber streuen lassen kann.«

»Und was liegt bei Ihnen auf dem Schreibtisch, wenn Sie wieder zuhause sind?« Lucius war jetzt neugierig geworden. Reinhart überhörte die Frage zunächst, lehnte sich satt und zufrieden zurück, zog ein silbernes Zigarettenetui aus der Jackentasche, ließ vergnügt dessen Deckel aufspringen und bat Lucius zuzugreifen. »Benson & Matches« sagte er mit dem Unterton eines Rauchers, der Töpfchen und Kröpfchen zu unterscheiden weiß. »Mögen Sie?« Lucius winkte ab und erkundigte sich noch einmal nach Reinharts Plänen und erfuhr Interessantes: »Das wird etwas Größeres für ›Klugmanns Literatur Lexikon‹. Die Herausgeber wünschen sich einen Beitrag über die Dekonstruktion des Weiblichen im Gesamtwerk Ludolf Wittwensteins und dessen Einfluss auf das Frauenbild in Max' frühem Romanfragment ›Frage in die Stille‹. Das wird ein hartes Stück Arbeit, fürchte ich. Aber ich mag den nüchternen, klaren Stil Wittwensteins, vor allem sein Hauptwerk ›Das geschminkte Geschlecht‹. Ich halte es für einen Geniestreich. Haben Sie die fast 1000 Seiten zufällig gelesen? Eine der wesentlichen Passagen, ich hoffe, ich gebe sie annähernd richtig wieder, lautet: ›Das Femininum, also die Frau in ihrer körperlichen wie geistigen Manifestation, ist angesichts dessen, was man ihre verbale Virilität nennen könnte, die zentrale Herausforderung intersexuellen Kommunizierens, weil es wesentlich stärker als Drogen oder Ehrgeiz die Bereitschaft des Mannes potenzieren kann, Wirklichkeit verzerrt wahrzunehmen und Entscheidungen auf Illusionen zu stützen ...‹« Beide Männer holten kurz tief Luft. »Ich hoffe«, sagte Reinhart, »ich langweile Sie nicht mit meinen Ausführungen, mein Lieber? Im Kern geht es um einen ungenügend präzisen Umgang mit Sprache und daraus fehlgeleiteter Erkenntnis, speziell im Verhältnis von Mann und Frau. Unterm Strich drängt sich dann, vereinfacht gesagt, die Frage auf: Was ist bei der Suche nach kognitiver Kohäsivität diverser Geschlechter überhaupt sagbar, und welche Rolle spielt insbesondere das Auftreten eines Zweiten im kommunikativen Kontext ... War wirklich ein toller Hecht, dieser Wittwenstein. Ein Jammer, dass er so sehr im Schatten von Ludwig Wittgenstein stand, mit dem er außerhalb der Philosophenkaste leider häufig verwechselt wird, weil für beide die Sprache im Mittelpunkt ihrer Forschung stand. Und natürlich, weil sich die Namen so sehr ähnelten. Selbst ihre Herkunft.

Apropos Herkunft: Wussten Sie ...«, fragte Reinhart, »dass Wittwenstein und Hitler in der Volksschule zwei Jahre in dieselbe Klasse gingen? Das war lange nicht bekannt. Eine Kollegin, Reporterin bei der FBZ, fand es kürzlich heraus, als sie für einen Artikel zu Adolfs 80. Geburtstag recherchierte. Beide und, wie es der Zufall will, auch Wittgenstein waren ja fast auf den Tag genau gleich alt und wuchsen in Linz auf. Bestimmt haben sie sogar miteinander gespielt und gemeinsam Mathe-Hausaufgaben gemacht, bevor Wittwensteins Eltern ihren hochbegabten Sohn dann mit neun Jahren nach Salzburg auf das Eliteinternat Sokrateum schickten.« Reinhart beugte sich weit über den Tisch und zog die Augenbrauen hoch: »Als ich das las, habe ich mich gefragt, ob die Welt heute wohl anders aussehen würde, wenn die Jungs Freunde fürs Leben geworden wären.«

So und so ähnlich sprachen die beiden glückssatten Genießer noch eine gute Weile engagiert über Gott und die Welt und dem Alkohol zu. Ihre Gedanken und Worte kreisten so intensiv, dass sie beinahe darüber vergaßen, die wunderbaren Charlottes à la Charlotte, diese kleinen süßen Kunstwerke aus Löffelbiskuits, Vanillecreme und frischen Früchten, zu essen, zu denen ihnen Amélie den Mokka und die Rechnung servierte. Das Paradies auf Zeit schloss, wie immer an Samstagen, pünktlich um 15 Uhr 30 seine Pforten. Bevor die beiden Männer schwankend, was jetzt zu tun sei, das Lokal verließen, fiel Reinhart ein Kalauer ein, den sich vor allem die Schlussredakteure in der FBZ-Kantine zu vorgerückter Stunde, kurz vor Andruck, immer wieder gern erzählten. Den musste er unbedingt noch loswerden: »Woran erkennt der Sommelier zu lange gelagerten Wein?« Der Gefragte zuckte mit den Schultern. »Guter Wein atmet, wenn die Flasche entkorkt wird, ein zu alter röchelt.« Prustend und gröhlend verließen Jürg und Lucius, wie sie sich zu guter Letzt riefen, die fabelhafte Welt der jungen Wirtin, winkten ihr zum Abschied artig zu und wankten von dannen. Nach wenigen wiegenden Schritten im hellsten Nachmittagslichte neu gewonnener Freundschaft und einer innigen Umarmung sagten sie einander mit einem herzlichen Händedruck adieu, um danach – vom jeweils anderen bestens mit Empfehlungen ausgestattet, was er in Malady unbedingt noch unternehmen müsse – in unterschiedliche Richtungen aufzubrechen.

So begab sich Lucius gespannt auf die Spuren von Europas erster Parfümherstellerdynastie, dem Clan der Cosmedici. Von deren Stammsitz in Malady-sur-Mer standen allerdings nur noch die Reste eines verrußten Renaissance-Portales. Alles andere des einst herrschaftlichen Hauses war von spanischen Truppen während eines unbedeutenden Scharmützels am Rande des 30-jährigen Krieges niedergebrannt worden. Den grandiosen Aufstieg der provenzalisch-toskanischen Fabrikantenfamilie verhinderte das, wie man weiß, aber nicht. Nach der Übersiedelung ins nahe Grasse begann sie erfolgreich, aus wildem Lavendel neuartige Duftwässer, Lotionen und Reinigungsöle herzustellen. Als geschickter Vermarktungsstratege erwies sich dabei Clanoberhaupt Cosimo Cosmedici. Im Sommer 1647, kurz vor dem Friedensschluss in der bis dahin größten politischen Katastrophe auf europäischem Boden, aber noch mitten im Französisch-Spanischen Krieg, lud er Blumenzüchter, Seifensieder, Tinkturenhersteller und verwandte Handwerke von überall her ein, sich im friedlichen Wettstreit in ihren Künsten zu messen – in jenen blutigen Zeiten ein geradezu visionäres Unterfangen. Neun Meister und eine Meisterin ihres Faches konnte er schließlich hierzu in seinem Haus begrüßen – unter ihnen später so berühmte Namen wie der für seine olfaktorische Eitelkeit bekannte Beau de Cologne und der Fläschchenformer François Flacon – beide aus der Picardie. Aus Deutschland nahm nur die freie Aromatherapeutin Toska Thekla Theodora teil. Gegenseitig rieb man sich unter die Nase, was in den Laboren und Alchemistenwerkstätten auf Bergamotte-, Zitrus-, Rosenblüten- oder Moschusbasis an Wohlriechendem für hochwohlgeborene Damen und ihre ritterlichen Kavaliere entstanden war. Sieger in dem mit Leidenschaft ausgetragenen Ringen um die besten Kopfnoten für ihre Produkte wurde überraschend der Holländer Peter Stuyvesant mit seiner Körpercremekreation »Coeur de Cannabis«. Dreimal täglich dick aufgetragen, entwickelte sie den betörenden Duft der großen weiten Welt. Das jedenfalls versprach ihr Erfinder. Stuyvesant war es auch, der vorschlug, den Wettbewerb künftig jährlich zu veranstalten. Und so geschah es, zwanzigmal, bis 1667.

Ein schmaler Weg führte Lucius von der Ruine des Palais de Parfum, dem Gründungsort der bald so genannten Gruppe 4711, hinunter zur ehemaligen Anlegestelle für die Fischerboote, genauer gesagt, zu deren Überbleibseln – verfaultes Holz, Pfähle und Bretter im restfeuchten Moder früherer, besserer Tage. Das Meer, das einmal den Fischern von Malady-sur-Mer den Wohlstand in die Netze spülte, war beizeiten zu neuen Ufern aufgebrochen, das Hafenbecken lange versandet. Ein salziger Hauch von Melancholie lag über dem gesamten, einst gewiss stattlichen Areal, das Zeuge und zugleich Opfer des Niedergangs von Malady geworden war. Vor dem alten Hafenmeisterhäuschen ließ sich Lucius vorsichtig auf einem schweren alten Hockstein nieder. Spätestens jetzt wurde ihm klar, dass er, was seinen erträumten Kraftort betraf, Illusionen erlegen war. Unbewusst klammerten sich seine Hände fest an den von der Sonne aufgeheizten Stein, vielleicht um wenigstens ihn für sich festzuhalten. Irritiert spürte Lucius in seinem Innersten eine seltsame Schwerelosigkeit. Selbst die gewichtigsten Gedanken drängten jetzt nach oben. Kein Zweifel – es konnte allein die Drehung der Erde sein, die dieses Gefühl und absonderliche Fliehkräfte in ihm auslöste. Von einer Sekunde auf die andere schäumte er wie wilde Wasser. Die Gischt spritzte geräuschvoll über die zitternden Lippen. Lucius' tosendes Staunen wich schlagartig der hellen Sorge, dass der Planet schon bald zu schnell rotieren könnte. Die Gesetze der Physik, nie Lucius' Lieblingsfach in der Schule, waren unerbittlich. Alles flog dahin, selbst die Gedanken an Amélies hübsche Augen beugten sich den Kräften, die an ihnen zerrten.

Als die Erde wieder zur Ruhe gekommen war, lehnte Lucius wie ein Süchtiger nach einem harten Entzug schweißgebadet und mit zurückgefallenem Kopf an der Mauer des ehemaligen Dienstgebäudes. Er blinzelte gegen die allmählich am Horizont untergehende Sonne. Die Unordnung in seinem Kopf schwand nur allmählich und unter lautem Protest. Langsam, so als müsse er die geeignete Bewegung dazu erst erlernen, zog er sein Notizbuch und einen Bleistift aus der

Jackentasche. Aus unbeholfen-flüchtig hingeworfenen Strichen und Schraffuren entstand zu seinem Erstaunen eine ansehnliche Skizze des aufgelassenen Hafens, Port Malady. Die Anlagen, die einmal das wirtschaftliche Zentrum des Ortes und den Hort seines frühen, bescheidenen Wohlstandes bildeten, und denen der Romantiker unter den Realisten, Honoré de Balzac, ursprünglich in seiner »Comédie humaine« einige Zeilen der Zuneigung widmen wollte, es dann aber unterließ, weil ihm die Tinte eingetrocknet war, zeigten sich heute, wie fast alles hier, von weniger wohlmeinenden Zeitläuften heftig gebeutelt. Das freudige »Allo, allo, voilà, nous sommes de retour, wir sind zurück!« der vom Fang erschöpft, aber frohgemut einlaufenden Fischer, die Zurufe und Gesänge der Männer, die mit ihnen die Boote entluden, und das aufgeregt-dankbare Stimmengewirr ihrer Frauen, die einen weiteren Tag lang ihre Familien satt bekommen würden, waren genauso verklungen wie das heisere Kreischen der über ihnen segelnden Möwen, die stets auf billigen Beifang hofften.

Warum in aller Welt, fragte sich Lucius, hatte dieser kleine Ort all sein wunderbares provenzalisch Vitales verloren? Das Bild, das er gerade in sein kleines Heft zeichnete, entsprach so gar nicht den Vorstellungen, die er bislang von Malady-sur-Mer im Herzen trug. Ernüchtert erhob er sich, weckte seine eingeschlafenen Beine, holte tief Luft und tauchte dann entschlossen im letzten, schon schattensatten Abendrot unter. In einer guten Viertelstunde, schätzte er, müsste er wieder im Gasthof sein, gerade noch rechtzeitig, bevor die jetzt rasch an Land gehende Nacht die Tristesse und alles andere im Ort für ein paar Stunden in ihr dunkles Tuch hüllen und den Heimweg unnötig erschweren würde.

Aussichten | Im Schatten des Strohhuts

Malady-sur-Mer und sein verdrängtes Geheimnis; das Bergdorf Èze und die Französische Revolution; ein aufgelassener Friedhof und die Frauenbewegung; Friedrich Nietzsches verwehte Spuren – gegenwärtige Vergangenheit allüberall. Doch keine 70 Stunden nach Lucius' Zusammenbruch ergeben sich überraschend ganz neue Perspektiven für sein Leben. Eine Begegnung am Meer verheisst Zukunft.

Lucius war heute sehr früh aufgestanden, um auf der geplanten Wanderung wenigstens der ersten Hitze des Vormittags auszuweichen. In den Rucksack packte er alles Überlebenswichtige für seine Grand Tour nach Èze-Village und ans Meer: eine große Flasche Wasser, ein ellenlanges, dick mit Gruyèrekäse und Gürkchen belegtes Brot, das ihm Monsieur Alphonse freundlicherweise als Wegzehrung vorbereitet hatte, eine Tube Sonnencreme, ein Badetuch, einen Baedeker der Region sowie sein Notizheft, um darin bei Gelegenheit den einen oder anderen erhofften Denkanstoß für sein künftiges Leben festzuhalten. Als Letztes fanden im Rucksack noch eine Rolle Klopapier Platz und das im Frühjahr bei »Marotte Média de France« in einer zweisprachigen Ausgabe erschienene Büchlein »Also sprach Zarah Leander – Friedrich Nietzsche, die Tonkunst und das Dritte Reich«. Diese Essays zu kulturphilosophischen Fragen machten gerade unter Pariser Intellektuellen die Runde. Lucius hatte es allerdings nur gekauft, weil es ihn an seine frühe Jugend erinnerte. Damals, 1936, lief gerade »Premiere«, das erste deutsche Leinwandepos mit der attraktiven Schwedin in der Hauptrolle, in den Lichtspieltheatern an. Der Film hatte Lucius zunächst nicht besonders interessiert, erst ein Foto im Schaukasten des Kinos mit einem kleinen, feinen Detail bloßer weiblicher Formensprache änderte das. Entzücken verlangte manchmal nach nicht viel. Das war Lucius damals unbewusst bewusst geworden.

»Bon jour, guten Morgen, was für ein Sonntag!« rief Lucius ausgeruht und gut gelaunt dem Patron zu, der laut summend an der Rezeption Meldezettel und Rechnungskopien in einen Ordner heftete. Aus dem Radio im winzigen Büro hinter ihm dröhnten beliebte Operettenmelodien. Eben lief eine berühmte Arie aus »Land des Lächelns« von Franz Lehár. Der Text war für »Die drei Countertenöre«, die mit ihrem hellen Kunstsopran seit einem Jahr die großen Häuser von Mailand bis Stockholm füllten, ein wenig umgeschrieben und unter dem Titel »Dein ist mein ganzer Schmerz« zu einem Hitparadenrenner geworden. Vor allem das weibliche Publikum lag ihnen zu Füßen. »Kennen Sie die drei?« fragte Monsieur Alphonse seinen Gast: »Ich bewundere sie. Ihre Stimmtechnik finde ich faszinierend. Kein Wunder, dass die Kritik sie in höchsten Tönen lobt. Diese Musik füllt jeden Raum mit, wie soll ich sagen, kristallreinen Harmonien und einer Herzenswärme, die einen schweben lässt. Finden Sie nicht auch?« Monsieur Alphonse ließ die Namen der drei Sänger schwärmerisch auf der Zunge zergehen: Luciano Panzerotti, Placebo Flamingo und José Y. Maria. »Von denen wird man noch viel hören«, sagte er zu Lucius, »die singen mit einer Leidenschaft, zu der eigentlich nur wir Franzosen fähig sind.«

Lucius hatte sich noch keine abschließende Meinung über ihren Gesang gebildet, fand aber, dass das Trio dem an sich unspektakulären Vorgang von Monsieur Alphonse' Büroablage zumindest eine unterhaltsame Note verlieh – was er seinem Gastgeber gern bestätigte. »Monsieur, Sie sind wirklich eine Ausnahmeerscheinung«, schmeichelte er ihm, »ein wahrer Freund der Kunst, wie man sehen kann. Und hört. Dazu immer ein freundliches Wort, ein steter Quell guter Laune. Alles andere in diesem Ort macht mir dagegen den Eindruck, als bereite es sich klaglos auf sein nahendes Ende vor.« Lucius konnte sich leichten Spott nicht verkneifen: »Hat man im Rathaus eventuell schon einmal daran gedacht, ein Schild ans Stadttor zu hängen: ›Bitte nicht stören!‹?« Monsieur Alphonse schluckte schwer, schenkte Lucius wortlos eine Schale dampfenden starken Milchkaffee ein und schob sie sowie ein Zuckerdöschen über die Theke hinterher.

Dann schaltete er das Radio aus: »Es stimmt, was Sie sagen, auch wenn ich es nicht hören mag. Die meisten Menschen, die heute hier leben, sind verschlossen und voller Misstrauen gegenüber Fremden, Neuem, überhaupt gegenüber jedweder Veränderung, vor allem, wenn sie von außen kommt. Amélie und ihr Koch vom ›Charlotte Échalotte‹ gehören nicht zu diesem Menschenschlag. Darum habe ich Ihnen das Lokal gestern empfohlen. Die beiden sind noch nicht so lange hier ansässig. Alle anderen stammen praktisch mehr oder weniger direkt von den allerersten Einwohnern ab. Ihre Familien und sie sind im Ort und mit ihm aufgewachsen, geben ihm seit Generationen ihr Gepräge und verstehen sich in einer Mischung aus Trotz und Stolz als Erben einer besonderen Geschichte. Und zu diesem Erbe gehört vor allem jenes alles überschattende Jahr, an dem das Schicksal die Menschen hier besonders hart traf.« Monsieur Alphons verstummte kurz: »Ist lange her, ein halbes Jahrhundert. Trotzdem rührt niemand an diese Wunde. Sie schmerzt bis heute.« Er schien eine Pause machen zu müssen und sah Lucius an. Keine Frage, der wollte jetzt alles wissen.

»Bon!« seufzte der Wirt, »wenn Sie darauf bestehen. Die Zeit nach der Französischen Revolution bis in die 1880er-Jahre hinein waren für Malady im Großen und Ganzen gute Jahre mit guten Ernten, einem florierenden Fischmarkt, regem Handel und vielen schönen Festen. Allerorten wurde musiziert, in den Wirtschaften, in den Stuben und auf den Plätzen. Es gab eine Feuerwehrkapelle, den kleinen Spielmannszug der Vereinigung Selbstbewusster Suffragetten, pensionierte Soldaten gründeten das Meeresmusikkorps 1860, und die sowieso stets sangesfreudig aufgelegten Seeleute verteilten sich gleich auf zwei Vereine, die im ganzen Land auftraten: die berühmten Fischer-Chöre. Ja, und dann kam es dick – erst die Ausläufer eines Erdbebens, dann dieses verfluchte Frühjahr 1919. Der Horror des Ersten Weltkriegs war gerade vorüber, aber keineswegs alle Not. Darum freuten sich Jung und Alt im Dorf auf ein Gastspiel des iberischen Circo Máximo de Pulgas. Es gab damals keinen besseren Zirkus. Seine Artisten waren international gefeierte Stars, ihre Programme dementsprechend anspruchsvoll, die exotischen Tierschauen grandios. Einmalig die Nummer mit den meditierenden Dalai-Lamas aus Nepal, die lustige Vogeldressur mit den zwei torkelnden Schluckspechten oder die phantastischen Kunststücke der Albinorappen des osmanischen Dompteurs Akim U. Akbar, der »Große« – prächtige Pferde, einfach wundervoll. Die Direktoren der Spanischen Hofreitschule in Wien befürchteten ernsthaft, Akbars Hengste könnten ihren Lipizzanern den Rang ablaufen. Sie drohten ihm deshalb sogar mit einer Klage, falls er seine arabischen Heißblüter nicht schwarz einfärben lassen würde, um Verwechslungen mit ihren Schimmeln zu vermeiden.

Als der Zirkus mit seinen Bären- und Löwenkäfigen, mit den Wohnwagen, dem großen Zelt und, allem voran, mit der in schmuckes, rot-gelb-rotes Livree gekleideten Musikkapelle in unser Städtchen einmarschierte, liefen die Menschen zusammen und winkten dem ziehenden Volk voller Vorfreude zu. Die Kinder kreischten vor Begeisterung, denn ihre Eltern hatten ihnen am Vortag schon von den Späßen des katalanischen Clowns Gaudi und des englischen Bauchredners Benny & Clyde erzählt. Unter den älteren Jugendlichen sorgte etwas anderes für besonderen Nervenkitzel: eine schon Wochen im Voraus auf riesigen Plakaten angekündigte Vorführung unter freiem Himmel mit dem dänischen Hochseilillusionisten Sören Blasse Hacksen. Es hieß, er würde ohne Balancierstange und Sicherungsleine auf einem schmalen Draht in 18 Metern Höhe über die Köpfe des Publikums hinweglaufen und sich dabei nahezu unsichtbar machen. Es war die Krönung jeder Nachmittagsvorstellung. Zunächst versank er dazu meditativ quasi in sich selbst, dann hielt er so lange die Luft an, bis sein Gesicht das Blau des Himmels annahm. Vom Boden aus gesehen wirkte das so, als würde nur sein Körper halsabwärts auf dem Seil stehen. Sie können sich vorstellen, wie sich die Zuschauer dabei prächtig gruselten. Seinen genialen Trick hat Hacksen übrigens bis heute keiner nachgemacht.

So weit, so gut. Doch bereits am zweiten Tag des Gastspiels mussten alle Vorstellungen abgesagt werden. Ohne erkennbaren Grund war über Nacht die Hälfte der Tiere verendet. Auch der Direktor, Don Pedro Pulgas, erkrankte. Die Zirkusleute entschlossen sich daraufhin, ihre Zelte in Malady-sur-Mer abzubrechen. Als kurz danach im Ort die ersten Rinder und Schweine unter entsetzlichen Schmerzen eingingen und bald einige ältere, dann sogar jüngere Leute begannen, Blut zu spucken, und niemand ihnen helfen konnte, machte sich schieres Entsetzen breit. Mehr will ich dazu nicht sagen. Es dauerte jedenfalls lange, bis sich die Dinge normalisierten. Wie früher wurde es nie wieder. Auch die Zirkusleute kamen nie zurück. Von heute auf morgen war unser Malady zu einem, sagen wir mal, Ort ohne Musik, ohne Lebensfreude, ohne echte Zukunft geworden.«

Monsieur Alphonse' Stimme war, während er erzählte, immer leiser geworden: »Eine furchtbar traurige Geschichte. Reden wir lieber über etwas anderes, etwas Amüsantes.« Mit diesen Worten drückte er Lucius die brandneue Ausgabe des auf Skandale spezialisierten Gesellschaftsmagazins »Marie Éclat« in die Hand und deutete auf das etwas unscharfe Farbfoto, das die gesamte Titelseite einnahm. Es zeigte eine prominente Blondine, mit wehendem Haar, einem zartrosa Schminkköfferchen und ebensolchen Stöckelschuhen in der Hand aus einer Villa im Hinterland von Nizza eilend. Lucius, der noch Alphonse' düsteren Ausführungen nachhing, tunkte wortlos sein Hörnchen in den inzwischen kalten Kaffee, schaute und las: »Aus der Traum! Schiffer und Magerheldt gehen getrennte Wege!«

Direkt unter der fetten Schlagzeile gab sich das Blatt bemüht empathisch wie investigativ: »Ist Eifersucht im Spiel?« Auf der zweiten Seite berichtete es dann detailreich über die Beziehungskrise der beiden High-Society-Größen: »Der gefeierte Modeschöpfer, Créateur d'Odeur und aktuell kreativste Kopf der Pariser Modeszene, Karl Magerheldt, teilte uns am vergangenen Wochenende exklusiv mit, dass er sich aus privaten Gründen von Lieblingsmannequin und Muse Sylvie Schiffer trenne. Auf Nachfrage unseres Medienhauses widersprach ihr Manager umgehend per Telefax und stellte klar: ›Sylvie hat den Schlussstrich unter die Verbindung gezogen. Sie wollte einfach nicht mehr mit ansehen, wie Karl sich mit seinen übertriebenen Diätkuren als hipper Hungerkünstler stilisierte, nur um seiner aufrichtigen Bewunderung für das neue, nur Haut und Knochen zu Markt tragende Sexsymbol der Londoner Carnaby-Street, Twiggy, auch physisch Ausdruck zu verleihen.‹«

Weiter verrät das Blatt: »Wie hemmungslos Magerheldt – nomen est omen – seine fanatischen Fastenanstrengungen bereits betrieben hat, beschreibt eine drastische Aussage Schiffers in dem uns zugegangenen Fax. Zitat: ›Als ich ihm am letzten Wochenende zum Abschied noch einen Kuss auf die Wange geben wollte, hätte ich beinahe danebengeküsst, so schmal ist er inzwischen. Das habe ich einfach nicht mehr ausgehalten.‹« Die Meldung sei umso tragischer, zieht die Redaktion ein vorläufiges Fazit der Geschehnisse, »da es Magerheldt war, der zu Beginn der 60er-Jahre Schiffers Potenzial entdeckte und ihr Mentor wurde. Im Januar 1963 – Staatspräsident Charles de Gaulle und Bundeskanzler Konrad Adenauer unterzeichneten gerade den Élysée-Vertrag – steuerte die junge Rheinländerin bei einer Haute-Couture-Gala im eleganten, später von ›Printemps‹ übernommenen Pariser Einkaufstempel ›Paradis parallèle‹ mit einem begeisternden Auftritt quasi ihren Teil zur deutsch-französischen Annäherung bei. Es war auch der Auftakt für ein hollywood-reifes Gesellschaftsmärchen à la Aschenputtel, der Beginn eines kometenhaften Aufstiegs, den sie maßgeblich ihm verdankt. Noch wenige Monate zuvor«, erinnerte »Marie Éclat«, »war die Schiffer total unbekannt. Unter ihrem Mädchennamen Silvia Chiffre führte sie in Vorstadtboutiquen und kleineren Bekleidungshäusern in der deutschen Provinz biedere Bademoden und Kittelschürzen vor – bis Magerheldt sie unter bis heute nicht vollständig geklärten Umständen aus der Anonymität ihres braven Landeidaseins herausriss und sie zum Superstar aufbaute. Sie dankte es ihm mit bedingungsloser Hingabe. Für die Entwicklung des Jahrhundertparfüms ›Chantal No. 5‹ soll sie ihm, so wird gemunkelt, sogar inspirierend transpirierend nackt Modell gestanden haben – um den Duft ihres Körpers absolut rein und unverfälscht zu verströmen.« Magerheldt habe, schloss der Artikel, schon immer ein Näschen für so etwas gehabt.

Die flache Gesellschaftsschmonzette löste Lucius' aus seiner Nachdenklichkeit: »Echt ein Zufall!« sagte er. »Ich kenne den Autor des Artikels, ein großartiger Journalist. Und Schriftsteller: Egon Erwin Quiche-Lorraine. Für ihn hat Rob S. Pierre vor zwei Jahren im neu eröffneten ›Café Clutch‹ auf dem Eiffelturm die Premiere des ersten Bandes seiner Reiseerzählungen ›Der rastlose Reporter – Per pedes von Prag nach Paris‹ organisiert. Die Feuilletons – besonders die Alliteraten in den Kulturredaktionen – waren hingerissen.« Lucius nahm einen letzten Schluck kalten Kaffee, ließ die Erinnerungen entschwinden und brach begleitet von Monsieur Alphonse' warmherzigem »Bonne Journée!« zur Erkundung des mittelalterlichen Bergdorfs Èze-Village auf. Für dessen Vergangenheit interessierte sich der leidenschaftliche Literaturliebhaber seit langem, war es doch schon Jahrzehnte bevor die ersten Exilanten aus Berlin, Hamburg und München auf der Flucht vor der Gestapo in Südfrankreich strandeten für eine Handvoll deutscher Dichterinnen und Frauenrechtlerinnen fern der geistigen Enge des wilhelminischen Kaiserreichs zu einer zweiten Heimat geworden. Dort konnten sie ein freies Leben führen. Und schreiben. Den kleinen Friedhof, auf dem einige von ihnen ihre letzte Ruhestätte fanden, plante Lucius nach einer Mittagseinkehr zu besuchen. Vielleicht würde er in Èze auch ein paar Blümchen für ihre Gräber besorgen können.

Lucius gingen viele Gedanken durch den Kopf, Gedanken, die – so sein Empfinden – einen Aufbruch bedeuten konnten. Er glaubte zu spüren, wie er sich von all dem zu befreien begann, was sich so lange als sein Leben ausgegeben und ihn gerade in den zurückliegenden Stunden festgehalten, ja eingeschnürt hatte. Als er hinter den letzten Häusern von Malady auf weidende Schafe traf, animierte ihn seine aufkommende neue Unbeschwertheit zu einer spontanen Kontaktaufnahme mit einem prächtigen alten Bock, der, aufmerksam geworden, für einen Augenblick von seinen ihn eifersüchtig beobachtenden Auen abließ, um den Unbekannten aus der Nähe mit großen Augen zu mustern. Das Tier verlor allerdings schnell das Interesse an dieser seltsamen Erscheinung jenseits des Zaunes, denn sie erweckte nicht den Eindruck, als beabsichtige sie, ihm seinen Rang in der

Herde streitig zu machen. Vorsichtshalber verrichtete der Bock dennoch vor Lucius demonstrativ sein kleines Geschäft, dann trottete er gelassen zu den Seinen zurück.

Schmunzelnd setzte Lucius seinen Weg fort. Schon wenig später wurden das Blöken und Mäh-mähen leiser, der Wanderpfad schmaler und steiler und Lucius' Ausschreiten bedächtiger. Er war froh, dass die Sonne heute nicht so unbarmherzig auf ihn niederbrannte, wie sie das gestern getan hatte. Trotzdem lief der Schweiß auch heute in Strömen. Die ungewohnte körperliche Anstrengung schmerzte und seine Beine litten. Das pittoreske Èze zu sehen, hatte spürbar seinen Preis. Nachdem die ersten peinvollen Höhenmeter hinter und, wie Lucius mutmaßte, wohl mindestens noch eine knappe Stunde weiteren Aufstiegs vor ihm lagen, beschloss er eine erste Pause einzulegen. Er setzte sich auf einen Baumstumpf, der wie gerufen kam, kippte gierig die Hälfte seines Wasservorrats in sich hinein und bestaunte, leidlich erfrischt, ungläubig die faszinierende Aussicht: die scharfkantigen Kreideklippen, die zum Meer hin abfielen; der zum Greifen nahe Küstensaum, der Frankreich, Monaco und Italien verband; sogar die Luxusyachten im Hafen von Port Feuille konnte Lucius noch erkennen. Die Spielzeuge der Reichen und Schönen lagen dort vor Anker – nur einen Katzensprung von Malady-sur-Mer entfernt. Nachbarschaft, sagte man hier wie dort, könne grausam sein.

Fremde nahmen diese Kluft zwischen Arm und Reich, die sich entlang der Corniche-Küstenstraße vor ihren Augen auftat, selten wahr – zu malerisch war dieses Fleckchen Erde, wenn man nicht genauer hinsehen musste. Anders für Lucius. Seit gestern, spätestens aber seit heute früh, präsentierte sich ihm auch diese lange Zeit heil geglaubte Welt in einem anderen Licht. Dort, nur einen unbedachten Fußtritt unter ihm, waren, ähnlich dem von Paris, ein weiterer romantischer Traum zerstoben und die schönen alten Schwarz-Weiß-Fotografien in seinem Kopf endgültig verblichen.

»Ob irgendjemand Malady aufrichtig vermissen würde, wenn es plötzlich von der Landkarte verschwände?« Was Lucius da leise aussprach, war Öl ins Feuer seiner Verzweiflung über das Elend dieses Ortes. Wie konnte es sein, fragte er sich, dass einer wie Monsieur Alphonse, der die schönsten Städte des Landes kannte, bevor er sich im südlichsten Süden des Südens niederließ, Malady nicht längst verlassen hatte? Im Gegenteil. »Wenn ich denn jemals Memoiren schreiben sollte«, hatte er am Morgen zu Lucius gesagt, »dann würde ich ihnen ein Wort Kaiser Napoléon Bonapartes voranstellen:

›Vor Malady-sur-Mer war ich nur ein Abenteurer, in Malady-sur-Mer wurde ich wieder zum Menschen.‹« Wie es heißt, fielen die Worte am 1. März 1815, als der kleine große Korse – nach einem knappen Jahr im erzwungenen Edelexil auf Elba – unweit von Malady wieder das französische Festland betrat. Er war seekrank von der unruhigen Überfahrt, doch offenbar noch immer machthungrig ohnegleichen – bis Waterloo, wo ihm Preußen und Briten den Appetit verdarben. Für Lucius' Autobiografie, so sie denn jemals zustande kommen sollte, war Napoléons Wort jedenfalls keine Option – falls sich nicht noch Außergewöhnliches ereignen würde.

Einer Möwe, die sich selbstgefällig lärmend auf einem Felsvorsprung nur ein paar Armlängen von ihm entfernt die Flügel ausflugfein putzte, warf er ein paar Brocken seines Weißbrotes zu. Dann schulterte er, ohne noch einmal nach unten zu sehen, seinen Rucksack, setzte die Kappe auf und marschierte mäßig munter wieder los. Trotzdem mussten Beine, Herz und Lunge des Großstadtmenschen Schwerstarbeit verrichten. Doch nicht nur deswegen war dieser Ausflug etwas Besonderes. Es war diese gewaltige Landschaft, ihre unermessliche Schönheit, die Kraft, die sie verströmte und die Lucius tief in seinem Innersten spürte. Nie zuvor hatte wilde, ungebändigte, freie Natur derart von seiner Seele Besitz ergriffen – als sei sie vorübergehend ein Stück von ihm selbst geworden, oder er von ihr. Hinter jeder Wegbiegung, nach jedem Baum eröffnete sie neue Perspektiven auf sein Dasein. Wahre Gottesgeschenke, die Lucius dankbar annahm. Erst jetzt fiel ihm auf, wie sehr ihm Nähe zur Natur abhandengekommen war. Was mit der Pariser Métro oder seinem schwarzen Peugeot 404 Cabrio am Wochenende nicht leicht und schnell erreichbar war, blieb zumindest bis zu den Sommerferien terra incognita, ja existierte nicht einmal als solche. Ihm genügte die Stadt, die zauberhafte, die bezaubernde, die jeden verzaubernde Belle de Jour, die Schöne des Tages. Sie konnte jeden haben, den sie wollte, denn unter ihrem Rock lockte die pralle Lust aufs Leben. So hatte das prachtvolle Paris vom Anbeginn seiner Liaison mit Lucius wie selbstverständlich dessen ganze Aufmerksamkeit für sich in Anspruch genommen – bis zum vergangenen Donnerstag. Und nun? Nichts war mehr wie es vorher gewesen war. Hier im heißen Süden, im Schutz der letzten Ausläufer der mächtigen Seealpen, ließ die Kapitale Lucius kalt. Hier war er sicher vor ihrer Verführungskunst und frei von allen Abhängigkeiten.

Es war ein Gefühl der Wiedergeburt eines abgestorbenen Teils seiner Seele. Immer wieder blieb Lucius stehen, um wie ein hoffnungsloser Romantiker bizarre Krüppelkiefern für ihre schroffe Schönheit und sturmzerzauste Hecken für ihren Widerstandswillen zu rühmen. Der seit Urzeiten an der Küste marodierende Mistral, dessen Machismo jede einzelne Pflanze unablässig bedrängte und der sie rücksichtslos gegen die Felswände drückte, um sich an ihnen zu reiben, hatte sie nie gebrochen. Nicht einmal den zarten Blüten und Blättern unzähliger bunter Bergblumen vermochte sein Treiben wirklich etwas anzuhaben. Ob in den engsten Felsspalten oder auf winzigen Wiesenstücken am Wegesrand – wie zum Trotz lagen sie sich hier mal spätsommerlich, mal frühherbstlich vergnügt in den Halmen. Lucius, der bis dahin heillos urbanisierte Kopfmensch, stutzte und staunte wie einer, der zum ersten Mal die Augen aufmacht, über so viel verschwenderische Herrlichkeit. Am meisten beeindruckte ihn eine mächtige, uralte Steineiche, von der er sich wünschte, sie könnte sprechen. Was hätte sie nicht alles zu erzählen – von Kaisern und Katastrophen, von Suchenden und Findenden, vom Auf und Ab des ewigen Dahin. Voller Respekt und Zärtlichkeit, so, als streichele er einer vertrauten Weggefährtin wohlmeinend über die Wange, berührte Lucius ihre knorrige Rinde. Als Verliebter grüßend zog er weiter.

Und immer, wenn die dicht beieinander stehenden Büsche oder die hoch gewachsenen Bäume zwischen den Felsen die Sicht aufs Meer und auf das Übermaß des provenzalisch-blauen Lichtes freigaben, verstand er plötzlich, dass ein Künstler sein Ohr drum gab, diesen Nachhall der Schöpfung in allen seinen Farben, Formen und Fügungen auf eine Leinwand bannen zu dürfen. Er malte sich aus, wie es wohl gewesen wäre, selbst einer von jenen begabten Männern und begnadeten Frauen gewesen zu sein, die ein Jahrhundert vorher mit ihren Pinseln und Paletten, mit ihren Spachteln und Stiften in diesem Vorgarten des Himmels noch den härtesten Schatten etwas Helles und Heiteres abzutrotzen verstanden und damit Kunstgeschichte schrieben. Nur ein Glück wäre für Lucius größer gewesen: all das Gesehene, vielleicht mehr noch das mit der Seele Aufgespürte in nie zuvor vernommenen Nuancen tausender von Tönen auf ewig festzuhalten und sie der Menschheit zu schenken. Doch Lucius musste sich damit begnügen, das Wunder dieser flüchtigen Welt für diesen einen einzigartigen Moment seiner Wanderung ganz für sich allein zu haben.

Wann, fragte sich Lucius, hatte ihn zuletzt derart grenzenlose Begeisterung erfasst? Angestrengt dachte er nach. War es, als gleich nach dem Magisterabschluss sein erstes Buchmanuskript in Druck ging? Oder als sein Formel-1-Idol, der Schotte Jim Clark, 1965 auf dem schönsten je gebauten Rennwagen, einem in British Racing-Green und Gelb lackierten Lotus, beim Großen Preis von Deutschland auf dem Nürburgring zu seinem zweiten Fahrerweltmeistertitel fuhr? Dann war da natürlich dieser Faschingsdienstag im Februar 1950, als er mit knapp 30 im Zeitschriftenlesesaal der Marburger Universitätsbibliothek seine Frau zum ersten Mal sah und sein Herz bis zum Hals klopfte. Alle diese Tage und manch andere konkurrierten in der Erinnerung um den Augenblick größter Glückseligkeit seines Lebens zudem mit jenen unwiederbringlichen Nachmittagen voller Kinderfröhlichkeit, als er gemeinsam mit seinen beiden Töchtern ein Puppenhaus zu basteln begann, das leider aus Gründen, die er sich nie recht erklären konnte, unvollendet blieb. Oder war es doch der Moment, als er Ende 1953 nach langem Zögern beschloss, die Familie gegen das ferne Paris einzutauschen, weil die ewige Schönheit an der Seine versprach, den Literaten in ihm hochleben zu lassen und Paris einfach nach Paradies klang?

In Gedanken versunken folgte Lucius wie auf Schienen gleitend den Windungen des Weges, ohne darauf zu achten, wie lange er dies schon tat und wohin sie ihn führten. Erst ein weites, dumpf grollendes weißgraues Geröllfeld beendete abrupt seinen Vorwärtsdrang. Im Wildwuchs des unübersichtlichen Geländes und seiner Grübeleien hatte er, wie er ein wenig erschrocken bemerkte, irgendwann die Orientierung verloren und die Abzweigung nach Èze-Village übersehen. Eindeutige Wegmarkierungen suchte man hier oben vergeblich. Doch bevor er sich über seine Unaufmerksamkeit ärgern konnte, legte sich ein Lächeln auf sein Gesicht. Zwischen den Blättergeflechten zweier Windrosenbüsche erhob sich in der Ferne etwas, das an eine Profilansicht eines altmodischen, klobigen Schnürstiefels für einen Fuß mit hohem Rist erinnerte: die Umrisse des Mont Auk. Lucius kannte den Berg gut, wenn auch nur von den ihn faszinierenden frühen Aufnahmen des aus dem Berner Oberland stammenden Dokumentarfilmers Johann Frisch-Kees, der später unter dem Künstlernamen Jean Gervais-Bresso international Bekanntheit erlangte. Der Berg war weniger imposant als der benachbarte, an nebligen Tagen wie in den Wolken schwebende Mont Golfière oder gar der noch etwas weiter nordwestlich über der Hochprovence thronende

Mont Ventoux, der mit seinem kahlen, hell leuchtenden Gipfelplateau schon von Weitem begeisterte Blicke auf sich zog und als Wahrzeichen der Region galt. Dennoch zollte Lucius schon früh in erster Linie dem Mont Auk uneingeschränkte Bewunderung – nicht aus topografischen, sondern aus literarischen Gründen.

Sein früherer Freund Heinrich hatte ihm zum 30. Geburtstag einen Band mit Briefen und Gedichten Francesco Petrarcas geschenkt. In ihm schildert der italienische Historiker und Poet, wie ihm im 14. Jahrhundert die Erstbesteigung des Mont Ventoux gelingt und wie dieses Naturerlebnis seine Sicht auf die Welt und auf sich selbst veränderte. »Plötzlich bekommen die Dinge«, schrieb Petrarca, »eine eigene, irdische Wertigkeit. Sie sind nicht mehr bloß bedeutungslose Begleiterscheinung des Menschen auf dem Weg in ein jenseitiges Leben.« Es waren Sätze wie eine Revolution. Genauso gut hätte Petrarca behaupten können, dass sich die Erde um die Sonne drehe. Lucius teilte deshalb jene Auffassung in den Geisteswissenschaften, die diesen Text als den »Totenschein des Mittelalters« bezeichnete. Viel wichtiger als diese These fand Lucius aber schon beim ersten Lesen, wie Petrarca in einer kurzen, sehr lyrischen Passage voller Bewunderung den Mont Auk porträtierte. Seitdem hatte er den Berg nicht mehr vergessen können.

Jetzt, physisch und emotional ihm näher denn je, verstand er, warum es in der Nacht von Freitag auf Samstag mit dem Schreiben nichts hatte werden wollen. Wenn es denn für ihn einen geeigneten Ort und Zeitpunkt gab, über Erreichtes und Verlorenes, über Liebe und Lust, Leben und Sterben nachzudenken und dieses wie ein Historiker seiner selbst frei von Sentimentalitäten niederzuschreiben, mit anderen Worten: sein gelebtes Dasein der Nachwelt gleichsam testamentarisch zu beurkunden, dann war es hier und heute. Und hier und heute war zugleich der Ausgangspunkt für Neues. Lucius erfasste ein so nie erlebtes, untrügliches Gespür des Wollens und Könnens. Ohne weiter nachzudenken, machte er kehrt. Er fühlte sich, als würde er schweben. Diesmal verpasste er die Abzweigung nicht. Èze-Village konnte nicht mehr weit sein. Er würde es bestimmt vor dem späten Mittag erreichen.

Lucius freute sich darauf, Èze mit eigenen Augen zu sehen und mehr über dessen wechselvolle Vergangenheit zu erfahren. Immer wieder war es hauptsächlich wegen seiner strategisch bedeutsamen Lage auf einem über 400 Meter hohen Felssporn ein Opfer fremder Mächte geworden. Sarazenen, Osmanen, Piraten, die Pest, sogar

Sonnenkönig Ludwig XIV., die Französische Revolution und ein Erdbeben suchten den Ort im Lauf der Jahrhunderte heim. Was für ein friedliebender, damals kaum wahrgenommener Besucher dagegen Johann Wolfgang von Goethe. Im Herbst 1786 kam er anlässlich seiner ersten Italienreise auf einen Abstecher nach Èze. Sein Interesse galt speziell einer Märchen- und Sagensammlung, auf die er in der Weimarer Hof- und Staatsbibliothek Hinweise gefunden hatte, als er gerade mit ersten Abschlussarbeiten an der Neufassung seines Bühnenstücks »Iphigenie auf Tauris« beschäftigt war. Die mussten nun warten, denn Goethes Neugier auf das Kinder- und Jugendbuch war geweckt worden, als er erfuhr, dass es in dem frankoprovenzalischen Dialekt verfasst worden war, der in Èze und Umgebung lange mit dem Hochfranzösischen konkurrierte – und über den das deutsche Dichtergenie zufälligerweise gerade forschte. Veröffentlicht hatten die Sammlung zwei weitgehend unbekannte Brüder aus der Gegend um Nîmes, die Frères Fureur. Ihnen kam das Verdienst zu, die bis dahin lediglich mündlich überlieferten Erzählungen zusammengetragen und aufgeschrieben zu haben. Goethe selbst regte noch eine erste Übersetzung ihres Werkes ins Deutsche an. Allerdings dauerte es rund ein Vierteljahrhundert bis die hessischen Volkskundler Jacob und Wilhelm Grimm, Brüder wie die Fureur, sich der Aufgabe annahmen. Ihr 1811 noch anonym erschienenes Buch »Grimmsalabim – Zauberhafte Geschichten aus Frankreichs Süden« stieß allerdings nur in einigen frühen Germanisten- und Romanistenzirkeln auf Resonanz. Erst als sie es unter ihrem Namen und mit dem neuen Titel »Èze war einmal …« veröffentlichten, erlebte es in Deutschland die verdiente Beachtung und bald eine leicht überarbeitete Neuauflage.

Später als geplant, aber überglücklich, erreichte Lucius gegen 13 Uhr Èze-Village, jenen Ort, der trotz aller historischen Turbulenzen für die Welt außenherum stets ein weißer Fleck auf der Karte geblieben war – bis ihn die ersten Bildungsreisenden als Kulturdenkmal entdeckten. Mancher von ihnen blieb sogar hier und hauchte beider Dasein neues Leben ein. Lucius heutige Absichten waren weniger weitgreifend – obwohl, ein neues Leben suchte auch er.

Ein älterer Straßenhändler, der auf seinem Karren Obst, Oliven, Nüsse und frisches Quellwasser feilbot, hatte Lucius mit sicherem Auge als dankbaren Kunden ausgemacht. Er lenkte seinen Verkaufsstand zu ihm hin und schon nach wenigen Minuten wechselten einige hübsche Scheine des gerade erst abgewerteten Francs sowie Obst,

Wasser und etwas Naschwerk die Besitzer. Gut gelaunt kam man ins Plaudern. Und als wolle er Lucius einen unausgesprochenen Wunsch erfüllen, begann der Händler ein wenig von Èze zu erzählen – nicht von dessen belangloser Gegenwart, sondern von seiner bewegten Einst-Zeit, wie er es nannte. Dabei sprach er so eindringlich und mit ausgreifender Geste, als sei er selbst Zeitzeuge gewesen, ja habe mittendrin im geschichtlichen Geschehen gesteckt.

»Èze' Blütezeit liegt weit zurück«, sagte er mit hörbarem Bedauern, »um die 200 Jahre. Damals herrschte schon lange die bei uns Untertanen überaus beliebte Herzogin Angélique I. von Savoyen. Sie regierte umsichtig und mit einem warmen Herzen, auch wenn sie es nicht so zeigen konnte. Aber wenn zum Beispiel die Bauern klagten, dass sie nicht mehr wüssten, wie sie die stetig steigenden Ernteabgaben erbringen sollten, dann beruhigte sie die Betroffenen. Sie kam, beinahe wie eine von ihnen, in ihrer prächtigen goldenen Kutsche bis an die Äcker und Felder herangefahren und machte den Betrübten Mut: ›Ihr schafft das!‹ sagte sie immer wieder, ›Ihr schafft das!‹ Diese Haltung trug ihr höchste Anerkennung ein, bisweilen gar liebende Verehrung. Eine junge Frau aus Toulon machte sie sogar zur Heldin mehrerer Romane. Und so bestimmte Angélique, gefühlt, ein halbes Jahrhundert mit ruhiger Hand und Stimme das Schicksal der Dorfgemeinschaft und lehrte die Leute, sich selbst genug zu sein – was wir auch gerne taten. Die Welt um uns herum vergaßen wir einfach. Wir waren wie blind und taub für unser Schicksal.«

Der Händler trank einen Schluck, denn seine Kehle war trocken geworden. Nachdem er die Flasche wieder abgesetzt hatte, drehte er sich vorsichtig nach allen Seiten um. Dann fuhr er mit gedämpfter Stimme fort, wie um Lucius ein Geheimnis anzuvertrauen, von dem wirklich niemand sonst erfahren dürfe: »Uns war wirklich eine lange, gute Zeit mit Angélique vergönnt. Alljährlich im Sommer lud sie sogar einige Auserwählte von uns auf ihr Schloss ein, wo wir sie ausgelassen feiern durften. Aber in ihren letzten Herrschaftsjahren veränderten sich die Dinge. Aus fröhlichen Festen wurden triste, ritualhafte Maskenbälle. Da verloren wir uns, Angélique und wir. Wir lebten ab da einfach so weiter vor uns hin und gingen unserer Arbeit nach wie eh und je – bis die Revolution ihre Schatten auch auf Èze warf. Am 22. September 1792, ich weiß es gewissermaßen wie heute, ganz Frankreich war in Aufruhr, Angélique hatte kurz vorher abgedankt, da rückten französischen Truppen bei uns ein. An jeder

Straßenecke verbreiteten sich Furcht und Schrecken und irrwitzigste Verdächtigungen. Aber das wissen Sie ja sicher aus dem Schulunterricht.«

Lucius' nachfragendem Blick leistete sein Gegenüber voller masochistischem Lokalstolz Folge. Jetzt war seine Zeit. Geschäfte konnte er auch morgen machen: »Der politische Furor«, fuhr er mit belegter Stimme, sich immer wieder räuspernd, fort, »hatte in Paris bereits den König Thron und Kopf gekostet. Wir mussten uns auf Geheiß des Konvents in der Hauptstadt von einem Tag auf den anderen einer neuen Herrschaft unterwerfen. Was das konkret bedeutete, erfuhr als Erster unser Dorfältester am eigenen Leib. Der weise, herzensgute Mann hatte gegen einen Erlass aufbegehrt, der im Namen der revolutionären Gesinnung vorschrieb, nicht mehr zwischen Frau und Mann zu unterscheiden. Alle seien fortan gleichberechtigt Bürger und Bürgerin. Eine extreme Gruppierung unter den Revolutionären, die ›Letzten Gerechten‹, sprach sich sogar für ein Verbot der Wörter ›Vater‹ und ›Mutter‹ aus. Sie verlangte, fortan allein zwischen gebärenden und nichtgebärenden Bürgern zu unterscheiden. Unseren widerspenstigen Alten, der das für Unsinn erklärte, band man daraufhin mit seinem langen weißen Bart an den Pranger und drohte ihm Schimpf und Schande an. Gott sei Dank band ihn jemand noch in derselben Nacht wieder los. Trotzdem: Die Zeiten wurden spürbar härter.

Nicht einmal unser Pfarrer wagte es, seine Stimme gegen offensichtliches Unrecht zu erheben. Im Gegenteil. Schon 1793 baute er sein Kirchlein zum Tempel um, entfernte christliche Insignien und huldigte dem Willen des Höchsten Wesens, dem Schöpfer der neuen Zeit: ›Alles Verderbende und Verletzende muss verschwinden‹, predigte er und rief nach einer Kanzel-Kultur, die eine ›reine, geheilte Seele‹ verheiße. Für ihn reimte sich Gott durchaus auch auf Schafott.«

Der Mann, dem Lucius wie gebannt lauschte, zitterte. Alte Angst und Trauer hielten ihn im Gestern gefangen: »Vor allem in den Monaten um den Jahreswechsel 1793/94 erlebten wir eine Zeit des Wahnsinns«, resümierte er. »Es ist der Fluch der Revolution. Sie kennt weder Maß noch Menschlichkeit. Sagt Ihnen der Name Antoine de Saint-Injuste etwas?« Lucius nickte: »Soweit ich weiß, war er ein einflussreicher junger Politiker mit zwei Gesichtern – voller ehrlichem politischen Idealismus einerseits und brutalem Zynismus andererseits. War er nicht auch in die Ermordung Dantons verstrickt?« »Stimmt«, bestätigte der Händler: »Er rechtfertigte das Wüten der neuen starken Männer und der Tricoteuses, der Frauen hinter ihnen. Vom Machtrausch geblendet, erklärte er dem Pariser Pöbel, Liebe dürfe einem großen Herzen nichts bedeuten. Wie zum Beweis sorgte er sogar dafür, dass sein eigener Vetter, der Graf Edmond de Saint-Albray, hingerichtet wurde. Dem adligen Verwandten warf er neben anderen unsinnigen Dingen vor, riesige Mengen an Weichkäse gehortet und dem Volk vorenthalten zu haben. Saint-Injuste höhnte selbst dann noch, als der Scharfrichter sein Opfer mit gebundenen Händen vom Blutkarren zerrte, der Graf sei ein ›politischer Weichling ohne Ecken und Kanten, der zu stinken beginnt, sobald man ihm zu nahe kommt‹. Sein Leben wiege keinen ›Vogelschiss‹.« Der Händler schüttelte den Kopf: »Verstehen Sie, wie ein Mensch, ich meine Saint-Injuste, so sprechen, so sein kann?«

Nach einer kleinen Ewigkeit bitteren Schweigens brach es unter Tränen aus dem Mann heraus: »Ich höre manchmal noch nachts die Schreie aus den überfüllten Kerkern hier und unten in Malady, dieses irre Brüllen der Halbtoten in ihren Zellen, wenn die Menschenschinder ihnen die Daumenschrauben anlegten und immer fester zogen, um irgendein Geständnis zu erpressen: ›Je m'accuse, je m'accuse! Ich klage mich an, ein Anhänger der guten alten Zeit zu sein.‹ Einer nach dem anderen, egal ob Monarchist oder nicht, darunter die mutigsten Männer, gestanden früher oder später ihre angeblichen Verbrechen gegen die neue Republik – aus Furcht vor den Folterknechten mit ihren Knochensägen, den Würgeeisen und Streckbänken. Am schlimmsten trieb es der Kerkermeister Robert LeBlanc, ein Hüne aus der Karibik. Er hatte sein Handwerk noch in königlichen Diensten in der Bastille gelernt und stand nun auf dem Höhepunkt seiner Karriere. Für viele war er das Gesicht der Terrorherrschaft, der Grande Terreur jener Tage. Geradezu berüchtigt war er wegen seiner Vorliebe, den Delinquenten, bevor er sie physisch quälte, immer ein Lied vorzusingen, das ihre Angst ins Unermessliche steigern sollte. Manchmal stimmte er es sogar im Chor mit seinen Helfern an: ›Ein bisschen Schmerz muss sein, dann kommt das Leid von ganz allein …‹. Sein Geist spukt angeblich bis heute in der Gegend.

Als der Revolution 1794 ihre wichtigsten Köpfe abhandenkamen, beruhigte sich die Lage zumindest oberflächlich. Nicht geringen Anteil daran hatte zweifellos der weiterhin amtierende Abgesandte des Konvents, Olaf, der Dorfschulze, le Maire de village, ein stolzer, stiller Mann mit Lachfältchen um kleine wachsame Augen. Weil er bewusst auffällig unauffällig auftrat, war einem Teil von uns zunächst gar nicht aufgefallen, dass er Angéliques Platz im Schloss eingenommen hatte. Auch, weil vieles beim Alten blieb, erfuhr er viel Lob. Er habe das Zeug zum großen Lenker und Denker, ja zum Philosophenfürsten, ging das Gerücht, denn entweder schwieg er, oder er sagte Sätze, die aufhorchen ließen und an die man sich bis heute erinnert. Zum Beispiel: ›Alles hängt mit allem zusammen – zumindest teilweise‹ oder ›Wir erleben gerade eine Zeitenwende‹. Allen, die seine Botschaft nicht verstanden, ließ er durch seine Herolde verkünden: ›Je größer eine Idee, deren Zeit gekommen ist, desto schmerzlicher wird eine Wirklichkeit empfunden, die dem Ideal nicht genügt.‹ Was er damit sagen wollte, verstand keiner so richtig. Fest steht, dass die Revolution zum Winter hin am Ende war. Auch Olaf verließ in der Folge an den Iden des März 1795 das Schloss und Èze. In die morgendliche Sonne hinein brach er zu neuen Zielen auf. Aufrecht auf seinem Kaltblüter sitzend, einem rotfleckigen Percheronhengst aus dem Nordwesten, rief er den wenigen Menschen, die ihm begegneten, noch zu, er werde niemanden vergessen. Das ist das Letzte, was wir von ihm hörten. Wie würden wir wohl heute von ihm sprechen, wäre er zurückgekommen?«

Aufgewühlt legte der Händler seine kräftigen Hände auf Lucius' Schultern und sah ihn mit großen ratlosen Augen an. Lange, bange Sekunden rang er mit seinen gefühlten Erinnerungen: »Er wäre gewiss heute Olaf, der Gute, Olaf, der Große.« Schließlich beruhigte er sich und sagte, er müsse jetzt leider weiter. Nur eines noch: »Das Ende der Revolution war zugleich der Auftakt für Èze' zweite glückliche Epoche, die jedoch 1887 von einem schweren Erdbeben jäh beendet wurde. Auch aus Malady-sur-Mer und anderen Ortschaften flohen damals die Menschen.« Lucius war tief beeindruckt von den Schilderungen und Bekenntnissen des Straßenhändlers. Er dankte ihm für seine berührende Offenheit und ließ sich nur noch schnell den Weg zum Friedhof der deutschen Frauen zeigen. Um Blumen brauchte er sich nicht mehr zu kümmern. Die Begräbnisstätte, erfuhr er, war längst aufgelassen. Einem Anstandsbesuch stand das nicht im Wege.

Erst jetzt, als er losging, bemerkte er das Geräusch in seinem Rücken, das die Stille gleichsam perforierte – das gierige Klicken der Verschlüsse von gut zwei Dutzend Spiegelreflexkameras. Lächelnd und sich wiederholt dankbar verbeugend hatte eine Reisegruppe japanischer Fotoamateure Lucius als willkommene belebende Beigabe zur historischen Szenerie ins weitwinklige Visier genommen. »Wer weiß«, dachte sich der vielfach Abgelichtete irritiert, »vielleicht entdeckt in naher Zukunft ja der Massentourismus diesen zigfach beschädigten, aber gleichzeitig doch wunderschönen Ort. Dann ist alles dahin.« Dann, so Lucius' Befürchtung, würden auch die letzten Reste der alten Mauer, dieses aus der Zeit gefallene Bollwerk aus schweren Kalksteinquadern, die verletzlichen Existenzen, die hier ausharrten, nicht mehr vor der Gegenwart schützen. Wenn es dumm liefe, kämen politisch Verantwortliche sogar auf die Idee, das brüchige Gemäuer zu schleifen und durch eine Gedenkstätte aus Glas und Beton zu ersetzen – samt einem Andenkenladen. Was bliebe, wäre unechte Erinnerung – geschorene Geschichte gewissermaßen.

Wenig später stand Lucius etwas außerhalb von Èze-Village vor dem gesuchten Friedhof, besser gesagt vor den sterblichen Überresten von Mère Lachaise. Während seines Studiums, Ende der 40er-Jahre, hörte er zum ersten und zum letzten Mal von diesem Gottesacker, den eine kleine Gruppe junger Frauen aus dem deutschen Sprachraum, die hier nach 1880 lebten, angelegt hatte. Sie erwiesen mit ihm dem weltberühmten Pariser Cimetière du Père Lachaise, in dessen Erde berühmte Männer und Frauen für die Ewigkeit auf Lorbeer gebettet lagen, ihre Reverenz. Sie verstanden die Namensgebung aber auch als symbolischen Beitrag zur Gleichberechtigung der Geschlechter, für die sie leidenschaftlich eintraten – egal, ob sie Gedichte schrieben, Theater spielten, Lieder komponierten, Gemüse anpflanzten oder mit ihrer Wanderbühne wie ihr Vorbild Molière über die Dörfer zogen. Großen öffentlichen Nachhall erzielten sie damit nicht, doch sie gaben nicht auf. Sie trotzten den Folgen des Erdbebens von 1887 genauso wie den Anfeindungen, die ihnen ihr Einsatz für die aufkommende Frauenbewegung regelmäßig eintrug. Beifall ernteten sie nur, wenn sie statt eines ihrer kleinen selbstverfassten Lehrdramen einen erotischen Schwank aufführten. Besonders beliebt war ein Werk aus dem späten 16. Jahrhundert: »Der Kusz des schwayksam Buben« aus der Feder des Poeten und Pädagogen Fitz Gerald, einem Meisterschüler des Nürnberger Volksdichters Hans Sachs. Dieses Stück verlangte das Publikum immer und immer wieder zu sehen, und zumindest dabei flogen den jungen Frauenrechtlerinnen die Herzen reihenweise zu.

Eine dieser mutigen Vorkämpferinnen für die Befreiung der Frauen von Korsagen und Konventionen war die von Lucius verehrte Schriftstellerin Barbara Buck, deren Vater schon in der Märzrevolution 1848 für die Demokratie gestritten hatte. Sie sollte in Èze begraben liegen. Doch alles, was er von dem Ort ihrer letzten Ruhestätte vorfand, war eine dornröschenhaft verwilderte Grabsteinhalde, die zu betreten aus Sicherheitsgründen nicht ratsam und außerdem unmöglich schien. Das nur noch zum Teil in den Angeln hängende eiserne Tor klemmte fest und wurde nur mühsam von Rost und hartem braunen Buschwerk gehalten. Es war das passende Sinnbild des Schmerzes über Verlorengegangenes und zugleich Ausdruck eines Verlangens nach ewiger Würde für das Gewesene. Zumindest empfand Lucius es so. Gekrönt wurde das Tor von einer kaum noch lesbaren Inschrift: »Ruhet in Süden!« Was sich in einem Halbbogen über den umwucherten Eingang spannte, wirkte, wenn auch sprachlich vermutlich von französischen Freunden der Dichterinnen ein wenig schief formuliert, wie ein empathischer Nachruf auf die kleine Gemeinschaft weitgehend vergessener Stimmen, die sich fern vom heimatlichen Kaiserreich, wo männlicher Hochmut und die Schnurrbartspitzen in den Himmel wuchsen, für Selbstverständliches engagierten: mehr als nur Frau an der Seite ihres Gatten sein zu dürfen. Wer die Zeile über dem Friedhofstor formulierte, wurde nie bekannt, doch dessen Gefühl überlebte die Zeiten.

»Keines Manns Untertan« – Lucius fiel der Titel jenes Romans von Buck wieder ein, der ihm während eines Proseminars an der Universität nachhaltigen Eindruck gemacht hatte. Das Buch durfte erst nach dem Ende der Monarchie erscheinen. Zuvor gestatteten die besorgten wilhelminischen Zensoren nur einen gekürzten Vorabdruck des Inhaltsverzeichnisses. »Angst hat schon immer viele Gesichter«, murmelte Lucius und ärgerte sich: »Was hätte aus dieser starken jungen, hoch talentierten Frau werden können, wenn die Gesellschaft bereit gewesen wäre, die zeitlose Gültigkeit ihrer literarischen Arbeit anzuerkennen?!« In ihrer satirischen Geschichte beschrieb Buck die Zerrissenheit einer Suffragette zwischen öffentlichem Widerspruchsgeist und häuslicher Unterwerfung. Tagsüber trat sie bei Kundgebungen vehement für das Wahlrecht und materielle Unabhängigkeit ihrer Geschlechtsgenossinnen ein, abends fragte sie sich beim Blick in ihren Kleiderschrank, was sie am nächsten Tag am besten auf den Barrikaden tragen solle, um ihrem Mann zu gefallen, aber auch um unter ihren Mitstreiterinnen modisch zu bestehen. Erfolg war diesem durchaus amüsanten Buch, das der Frauenbewegung über den Umweg der literarischen Salons in Deutschland, aber auch in Frankreich, mehr Resonanz verschaffen wollte, allerdings nicht vergönnt – was Lucius sehr bedauerte, denn er teilte mit Buck ein starkes Interesse an der Psychologie jener in die Jahre gekommenen Gesellschaft, und er mochte ihre Vorstellung eines vernünftigen Interessenausgleichs zwischen den Klassen und Schichten. Da gab es bis heute nicht wenig zu tun.

Wie gerne hätte er einmal ihre Stimme gehört, mit ihr bei einer Tasse frisch gebrühter Pfefferminze aus ihrem Garten die großen Fragen der Epoche diskutiert und dabei auch mehr über sie selbst erfahren. Lucius wusste aus den wenigen bekannten biografischen Quellen von zahlreichen schweren Krisen in Bucks Leben. Ihre Ehe scheiterte früh, nachdem ihr Mann dem Alkohol verfallen war; eine neue Liebe zerbrach, bevor sie richtig begonnen hatte. Besonders tief musste sie das Schweigen jener Menschen getroffen haben, für die sie schrieb und für die sie sich engagierte. Eine weitere enorme Enttäuschung war sicherlich die mangelnde Unterstützung für ihre Ideen durch die ihr nahestehenden linken und liberalen Kreise. Alles andere als unerwartet dagegen die Zurückhaltung der praktisch ausschließlich männlich-konservativ bornierten Literaturwissenschaft. Auch den klügsten Autorinnen gönnten die Granden jener Zeit, mit wenigen Ausnahmen, kaum mehr als eine Fußnote in ihren zum Teil nach Regalmetern messenden Standardwerken. Und manch kaiserlich-königliche Kathederkoryphäe zog es ehrlicherweise gleich vor, das »schwache Weibsgeschlecht«, wie es gern abschätzig hieß, noch nicht einmal zu ignorieren. Selbst einer der größten Erfolge des frühen Feminismus', die Aufnahme des Wahlrechts für Frauen in die Weimarer Verfassung, und damit die Chance, die Zusammensetzung des Parlamentes mit zu bestimmen, erwies sich im Alltag noch lange als eine trockene Frucht, die wenig Geschmack entfaltete. Ob die kluge Barbara für all diese Widrigkeiten, mit denen sich Frauen zeitlebens herumschlagen mussten, wohl eine sozialpsychologische Erklärung hatte? Oder gar einen Lösungsvorschlag? Schriftliches war von ihr dazu wenig überliefert. Vielleicht, dachte sich Lucius, hätte sie im Gespräch mit ihm einfach nur lakonisch angemerkt, dass Kummer eben der Preis sei, den man für Liebe irgendwann zu zahlen bereit sein müsse.

Ein tiefergehendes Interesse an ihrer Arbeit erlebte Barbara Buck wie die allermeisten anderen Autorinnen selten, literarische Anerkennung mit wenigen Ausnahmen erst nach ihrem Tod. In ihrer Heimat war sie eine Ungewollte, bis zuletzt. Einer der wenigen ihrer jüngeren Zeitgenossen, der diese schier unumstößliche allgemeine gesellschaftliche Missachtung nicht teilte, war der Schriftsteller Hans Nimmerda. In einem Tagebucheintrag bekannte er sich offen zu seiner Sympathie und Wertschätzung für die »großartige Kollegin« – vielleicht auch ein bisschen wegen ihres attraktiven Äußeren. Die raren Porträtfotografien, die es von ihr gab, zeigten sie jedenfalls immer mit verführerisch gelockten schulterlangen blonden Haaren und einem kecken Augenaufschlag – was bereits genügte, um von den vielen reaktionären Sturköpfen in der einstigen Heimat schon als Provokation empfunden zu werden. In seinem Schreiben hätte ihn Bucks Haltung zu sozialen Fragen und ihre ehrliche Empathie für die einfachen Menschen wegweisend motiviert, notierte Nimmerda wenige Jahre vor seinem Tod. Vor allem ihre stark vom Naturalismus geprägte Fabel »Jeder zirpt für sich allein« über ein Zikadenpärchen in der Hochprovence, dessen Dasein durch ein verheerendes Unwetter völlig aus den Fugen gerät, habe ihn zu einem seiner wichtigsten Romane inspiriert.

Lucius starrte gleichermaßen reglos wie bewegt auf die traurigen Überbleibsel der auf dem ehemaligen Friedhof begrabenen Hoffnungen. Ihm war, als dränge er auf der Suche nach mehr Licht immer tiefer in einen dunklen Tunnel ein. Dann, doch, riss er sich los, zupfte rasch noch die anmutigste Blüte aus einem matt safrangelb leuchtenden Asternstrauch, der die Maschen der verrotteten Umzäunung umrankte, klemmte die Blume als letzten Gruß in das eiserne Tor und rief ganz laut, als könne Buck ihn vielleicht doch irgendwo hören: »Barbara, du und dein Blick auf die Welt, ihr beide fehlt mir. Sehr.« Dann drehte er sich um und wollte nur noch schnell ans Meer, das er schon von Weitem nach ihm rufen hörte.

»Ob Friedrich Nietzsche die Buck jemals getroffen oder gar etwas von ihr gelesen hatte? Immerhin war er mehrmals in diesen Gefilden zu Gast, sei es zur Sommerfrische, um seine angeschlagene Gesundheit zu kurieren, oder um ungestört arbeiten zu können. Teile seines Spätwerks ›Also sprach Zarathustra‹ entstanden ja angeblich auf dem steilen steinigen Pfad, der in einer knappen Stunde von Èze-Village hinunter ans Wasser führte.« Lucius fand Selbstgespräche an sich peinlich. Aber die Situation, in der er sich befand, rechtfertigte ein solches zu führen. Es war eine Ausnahmesituation.

Er bedauerte jetzt, die tief in die Religionsphilosophie verstrickte Prosa Nietzsches nie gründlicher gelesen zu haben. Er fand sie immer schwer bekömmlich. Leichter war es, sie im Gespräch mit Freunden als Geschwurbsel eines riesenschnauzbärtigen Eigenbrötlers abzutun oder als Allzumenschliches jenseits von Gut und Böse. Obwohl er Literaturwissenschaft studiert hatte, störte es Lucius nicht im Geringsten, das preiswerte Privileg des Ahnungslosen in Anspruch zu nehmen und über Dinge zu reden, von denen er, genauer besehen, nichts verstand. Doch in diesem Moment wollte er wie ein ernster Jünger den verwehten Spuren des großen Geistes folgen, sehen, ob er von dessen Aura noch etwas fände. Lorbeerbüsche, üppig wucherndes Heiligenkraut, wilder Salbei und ein Spalier von in sich Trauer tragenden Zypressen schienen ihm den Weg zu weisen. Auf ging's, abwärts, jusqu'à la mer! Die Uhr drängte.

Abwärts, endlich! Inzwischen völlig durchgeschwitzt, war Lucius ausgesprochen dankbar für diese Wendung des Schicksals. Doch nicht lange. Die unendlich vielen spitzen Steine, die sich unbarmherzig durch seine dünnen Ledersohlen bohrten, machten ihm, dem ungeübten Wanderer, schnell deutlich, dass er auf derartige Herausforderungen spürbar schlecht vorbereitet war. Darüber vermochte auch die ebenso paradiesisch-schöne wie majestätisch-einschüchternde Natur der maritimen Alpen nicht hinwegzutrösten. »Ob Nietzsche damals ähnlich fühlte, wenn er hier unterwegs war? Vielleicht philosophierte er über die Notwendigkeit geeigneten Schuhwerks für das Vorankommen im Leben? Oder ging er der grundsätzlichen Frage nach, ob Erkenntnis im Schatten leichter zu gewinnen sei als im hellsten Sonnenscheine?« Lucius war wieder mit sich selbst ins Gespräch gekommen. Jeder einzelne Schritt, den er tat, veränderte Raum und Zeit und schien zugleich sein Denken voranzubringen. Vielleicht war er Nietzsches Gedankenwelt bereits näher als gedacht. In jedem Fall wusste er, was zu tun war, als ihn der schmale Pfad gesuchter Erleuchtung, der zwischen dornenbesetzter immergrüner Macchia und ewigblauem tiefgründigen Mittelmeer ein bescheidenes Dasein führte, zu einer kurzen Rast in einer tief in den Fels hineinführenden Höhle einlud. Ein bisschen auch in der Hoffnung, dass sich in diesem kühlen Reich der Schatten gegebenenfalls der Genius Loci seiner annehmen würde, setzte sich Lucius auf den staubigen Boden. »Ob möglicherweise genau an dieser Stelle, an der er sich niedergelassen hatte, knapp neun Jahrzehnte zuvor das Manuskript zu Nietzsches Buch für alle und keinen, wie er schrieb, jedenfalls ein Teil davon, das Licht der Weltliteratur erblickte?« Lucius' Weg in ein neues Leben warf fortlaufend spannende Fragen auf.

»Und was mir nun auch noch als Schicksal und Erlebnis komme – ein Wandern wird darin sein und ein Bergsteigen: man erlebt endlich nur noch sich selber.« Was würde Lucius empfinden, wäre ihm dieser Satz aus Nietzsches Alterswerk in diesem Augenblick bekannt gewesen? Hätten ihn seine Füße, die er gerade vorsichtig massierte, weniger geschmerzt? Wahrscheinlich würde er sich wenigstens die respektlose Frage verkneifen, ob Nietzsches später Wahnsinn in Bezug zu diesem steilen, nach ihm benannten Auf- beziehungsweise Abstieg stand. Lucius machte nie einen Hehl aus seiner Abneigung gegen allzu schwierige philosophische Texte. Sie waren nie sein Ding. Er hielt es lieber mit zeitgenössischen Denkern wie dem deutschstämmigen kalifornischen Kyniker Karl Brown, der dem Ethos der Einfachheit in Sprache und Habitus huldigte. Auch wenn ihn ein Großteil seiner Kolleginnen und Kollegen belächelte, nicht zuletzt, weil er bei seinen Vorlesungen in Berkeley fast immer einen etwas zu engen gelben Pullover mit einem dicken schwarzen Zickzackmotiv trug, liebte ihn Lucius vor allem wegen seines berühmten Cabrio-Theorems. Danach bedurfte es, um uneingeschränkt glücklich sein zu können, nur zweier Dinge: eines großen Sees und eines Autos mit aufklappbarem Verdeck. Bei schönem Wetter konnte man im offenen Wagen um den See herumfahren und die Sonne genießen. Und wenn es regnete, schloss man einfach das Verdeck und freute sich, dass der See wieder aufgefüllt wurde – Philosophie ganz nach Lucius' Geschmack. Zufrieden schlüpfte er in seine Schuhe, band sie fest zu und brach auf – zur Abschlussetappe. Erst jetzt, im Gehen, fiel ihm ein leicht zu übersehendes Hinweisschild auf: chemin de Nietzsche. Es zeigte dorthin, woher er gekommen war, und auch dahin, wohin er noch wollte. Nun hatte er es schwarz auf weiß: Das Leben bot immer eine Alternative.

Wolken, Wolken. Endlich Wolken. Dankbar zog Lucius seine Kappe vom Kopf, schirmte mit der linken Hand seine Augen und blickte gen Himmel. Es war der schönste, den er sich vorstellen konnte, besonders wegen der pausbäckigen blendend weißen Cumulushaufen, die wie schon Freitagnacht gemächlich aufs Land zutrieben. Nichts konnte seine Ergriffenheit in dieser Sekunde schmälern. Wolken und Gedanken nahmen ihn mit auf eine lange Reise weit zurück. Fünf oder sechs Jahre alt mochte er gewesen sein, als er, eng an seinen Vater geschmiegt, zum ersten Mal die Nordsee sah.

Er wusste es noch ganz genau. Während in der Ferne das Horn eines, wie sein Vater vermutete, mit Kaffeesäcken aus Kolumbien beladenen Frachtdampfers ertönte, dirigierte er mit einer kleinen roten Schaufel, die er kreischend in seiner rechten Hand schwang, die hohen Wogen vor Wangerooge. Es war ein mächtiges Brausen und Tosen. Auch heute schlug Lucius den Takt und gab vom Strand aus, die Partitur im Kopf, nur mit den Augen, Poseidons Posaunen Einsatz und Tempi vor. In diesem Moment war er wieder Kind, der kleine allmächtige Maestro des Meeres – das er in seiner ganzen schillernden Pracht von Smaragdgrün bis Lapislazuli-Blau rauschend ertönen ließ.

Gerührt, überglücklich und auch ein wenig überdreht angesichts der unerwartet zurückgekehrten Vergangenheit, entledigte er sich aller Kleidung und hüpfte, soweit es seine müden Beine erlaubten, wie der kleine Junge in den 1920er-Jahren mitten hinein ins erfrischende Nass. Von allen guten Geistern des Erwachsenendaseins verlassen fing er juchzend an, mit seinen zu einer Art Schale geformten Händen ein paar der glänzenden Sonnenschäumchen zu sammeln, die sich auf dem Wasser tummelten. Dass sie sich ihm sogleich wieder entzogen – sei's drum! Leicht, so als hätte es die letzten Tage, ja sein ganzes Leben in Paris gar nicht gegeben, ließ sich Lucius von seinen Gefühlen wie auf Händen tragen. Er schwamm und tauchte und schmeckte die unglaubliche Süße des salzigen Wassers, das er in seinem Freudentaumel unfreiwillig schluckte. Wieder zurück am Ufer schwemmte ihm die Erinnerung noch ein weiteres Bild aus jungen Jahren in den Sinn: den von Hull, dem Hafen, von dem aus er aufgebrochen war, tausende Meilen entfernt halbtot an Land gespülten, nach Luft ringenden Robinson. Wie der Schiffbrüchige sein Schicksal meisterte, machte ihn für Lucius, als er zehn war, zum unsterblichen Helden. Defoes Werk, das wurde ihm aber erst jetzt bewusst, war eine Offenbarung, denn es stand für den Neuanfang eines Lebens – seines Lebens.

Lucius verlor sich für einen Moment in dem aufregenden Glauben, allein auf einer fernen, einsamen Insel irgendwo im südlichen Pazifik gestrandet zu sein. Als würde er hinter den hohen Wellenkämmen die auftauchenden Segel eines Schiffs aus der Heimat ersehnen, ging sein Blick weit über das Wasser. Sorgsam sammelte er die Eindrücke, die das Meer auf seine Seele projizierte. Und als würde er durch ein Fernrohr schauen, das weit Zurückliegendes ganz nah heranholt, erspähte er noch einmal den vergnügten Buben von damals, der emsig dabei war, immer mehr kleines und kleinstes Erinnerungswürdiges in einen blechernen Spielzeugeimer zu schaufeln, wo schon Muschelschalen und schwammiger Seetang um ausreichend Platz konkurrierten. Konnte es ungetrübteres Glück auf diesem Planeten geben? Ab und zu sah Lucius nach den Eltern, die ihm lachend von ihrem Strandkorb aus winkten. Erst als sie ihn zu sich riefen, spülte eine ungestüm heranbrechende Welle seinen Traum wie eine trockene Sandburg hinweg.

Um ein Leben gealtert schlüpfte Lucius wieder in Hemd und Hose, als er in einiger Entfernung einen anderen Strandläufer bemerkte, der sich an einer Staffelei zu schaffen machte. Neugierig näherte er sich dem Unbekannten, ohne dass der zunächst Notiz von ihm nahm. »Quel tableau, Monsieur!«, sagte Lucius in respektvollstem Französisch, »Welch ein Bild!«, und fand sich, kaum dass die Worte ausgesprochen waren, ziemlich unbedarft – erst recht, als sich der Maler aus der Nähe betrachtet als Malerin erwies. Von fern war alles Weibliche an ihr unter einer weit geschnittenen, grell orangefarbenen Latzhose verborgen geblieben. Lucius hatte sie deshalb zunächst für einen Anhänger jener indischen Hare-Krishna-Sekte gehalten, die seit geraumer Zeit in mehreren Ländern Europas Fuß zu fassen begann. Noch bevor er so recht wusste, ob er überhaupt auf seinen Irrtum eingehen sollte, verdichtete eine eher beiläufig dahin gesprochene Bemerkung aus ihrem Mund seine momentane Verunsicherung zu dem handfesten Wunsch, sich auf der Stelle in Luft aufzulösen: »Sie sind kein Franzooose!« sagte sie auf Deutsch. Sie dehnte das ›o‹, als wolle sie Zeit zum Nachdenken gewinnen, wie sie auf Lucius' leere Bemerkung reagieren sollte. Schweigend strich sie mit einem breiten, weichen Pinsel über die drei oder vier flachen Häufchen mit Blautönen auf ihrer Mischpalette und setzte dann vorsichtig einige an junge, zarte Taubenfedern erinnernde Tupfer auf die Leinwand: »Nicht wahr? Und auch kein Kunstkenner. Oder täusche ich mich?« Unter dem breitkrempigen alten Strohhut, der tief in ihren Nacken gerutscht war, machte sich zufriedene Heiterkeit breit, und zu Lucius' Erleichterung entkräftete ein herzliches Lachen umgehend das vermeintlich vernichtende Verdikt. Vorsichtig legte die Unbekannte ihre Malutensilien in den großen Bastkorb neben sich, zog langsam ihre Sonnenbrille bis zur Nasenspitze, musterte zunächst ihr Werk, dann Lucius, und hielt ihm schließlich lässig ihre rechte Hand zur Begrüßung entgegen – wobei sie ihm neugierig über den Brillenrand hinweg in die Augen sah: »Sie verzeihen hoffentlich mein Gerede, ich wollte Sie wirklich nicht kränken. Pheromona! Ich gehöre hier mit dem Sand, den Felsen und dem Meer praktisch zum Inventar. Und mit wem, bitte, habe ich das unerwartete Vergnügen?«

Die Lage, in die Lucius sich mit seiner so spontanen wie wenig geistreichen Bemerkung über das Bild gebracht hatte, überforderte ihn kurzfristig. Seine Atmung drohte nach fast 50 Jahren reibungslosen Funktionierens erstmals auszusetzen. Etwas war passiert, das Gehirn lief bereits auf Notstrom. »Sie sind Deutsche? Malerin?« Noch während er um Fassung rang, begann er sich zu fragen, wie lange Spontanidiotie schlimmstenfalls andauern könne: »Ich wollte sagen ...« Pheromona amüsierte sich königlich. Grinsend nahm sie den Hut ab und fuhr sich mit beiden Händen durch das gelockte, kastanienbraune Haar, das nun befreit bis auf ihren Rücken fiel. Dann sagte sie, jetzt mit einem Hauch von Ernsthaftigkeit in der Stimme: »Ich weiß zwar noch immer nicht, wer Sie sind, aber, um Ihre Frage zu beantworten: Ich bin eigentlich Zahnärztin. Vor ein paar Jahren habe ich eine kleine Praxis auf dem Land bei Lyon übernommen. Malerin bin ich nur im Mai und im September. Dann komme ich immer für zwei, drei Wochen nach Malady-sur-Mer oder Bormes-les-Mimosas, um meiner Leidenschaft zu frönen und Skizzenblock für Skizzenblock, Leinwand um Leinwand zu traktieren. Das Ergebnis können Sie anschließend in meinem Wartezimmer bewundern. Das Beste daran: Die Leute vergessen über den Bildern ihre Schmerzen.« Gespannt, wie er auf die Doppeldeutigkeit ihrer Worte reagieren würde, sah sie ihn an.

»Jetzt bloß keine verunglückte ironische Bemerkung!« sagte sich Lucius und stellte sich kurz vor. »Bitte vergessen Sie meinen Auftritt von eben. Ich glaube, ich vertrage die Hitze nicht. Mein Name ist Lucius, und Ihr Bild gefällt mir ausnehmend gut. Wie Sie das Wasser mit seinen vielen Farbnuancen und Lichtreflexen malen und auch seine Bewegung festhalten. Toll! Ich wünschte, ich könnte das auch so wie Sie. Wenigstens halbwegs so gut.« Pheromona freute sich ehrlich über sein Kompliment: »Danke, das ist nett, dass Sie das sagen. Da haben sich die teuren Kurse an der Faber-Castell-Kunstakademie doch noch rentiert.« Diesmal fühlte sich ihr Lachen wärmer an als die Luft, die es zu ihm trug. »Ich komme mir ja fast vor wie Eugène Bodin. Der hatte eines Tages in seinem Atelier Baudelaire zu Besuch. Als der berühmte Dichter die vielen an den Wänden hängenden und auf dem Boden stehenden Pastellstudien der Küstenlandschaft bei Honfleur in der Normandie zu Gesicht bekam, soll er geradezu aus dem Häuschen geraten sein. Er schwärmte später auch in einem Essay über den Pariser Salon von Bodins ›wunderbaren Zauberspielen der Luft und des Wassers‹. Er sprach ihnen sogar die ›Überredungskraft des Opiums‹ zu. Wahnsinn, solche Komplimente, oder? Aber natürlich nichts im Vergleich zu Ihrem fachmännischen Kommentar von eben.« Beide lachten, Lucius nicht ganz so laut wie sie und auch ein bisschen gequält. »Meine Kunstdozentin«, fuhr Pheromona fort, »zitierte gern Thomas Mann: Das Meer sei keine Landschaft, sondern ›das Erlebnis der Ewigkeit.‹ Ich finde, präziser, unprätentiöser und poetischer kann man die Faszination, die von diesem unermüdlichen Wogen ausgeht, nicht ausdrücken.« Lucius pflichtete ihr bei: »Und da reden wir genau genommen nur von dem, was an der Oberfläche zu sehen ist.« Die geheimnisvolle Welt darunter sprenge letztendlich fast jeden Versuch, sie angemessen zu beschreiben, meinte er – ein Problem vor allem für jene, die der menschlichen Existenz schwarz auf weiß schreibend zu Leibe rücken wollten. Die Malerei täte sich da leichter, sagte er jetzt wieder ganz gelöst. Die gewünschte Farbe bräuchte man ja nur aus der Tube zu drücken.

Immer schneller flossen die Gedanken der beiden dahin und ineinander – wie bei Zweien, die sich schon ewig vertraut sind und eigentlich gar nicht der Worte des Anderen bedürfen, um ihn zu verstehen. Jede heranrollende Welle bedeutete neue Inspiration: Dürers Paradiesdarstellungen, Monets Seerosenpracht, Modiglianis provozierende Akte, Lichtensteins maschineller Pointilismus, die hyperbunten Suppendosenserienbilder von Andy Warhol und dazwischen immer wieder das Meer als Muse von Malerinnen und Malern ... Die beiden jagten sich an den Händen haltend wie vor Jugend jubelnde fünfjährige Mädchen im Hüpfgalopp begeistert durch die Kunstgeschichte. »Wissen Sie, Lucius, wovon wahre, große Kunst lebt? Jedenfalls nicht davon, dass jemand in einer Galerie sündhaft teure, schön gerahmte Grafik kauft oder eine Bronzeplastik, um sie sich daheim übers Sofa zu hängen beziehungsweise auf einem Tischchen zu drapieren, wo schon ein selbst gehäkeltes Deckchen auf die Wehrlose wartet. Egal, ob Käufer oder Künstler – Wer so denkt, hat nichts verstanden. Ich nenne das Raviolismus, die Bewunderung vorgegarter Gefühle aus der Konserve.«

Lucius gefiel die ironische Wortschöpfung, Raviolismus. Ohne Pheromonas Ansicht von wahrer Kunst abzuwarten, unterbrach er ihren Redefluss: »Und wie ist es mit der Schriftstellerei, dem Schauspiel, dem Tanz, der Musik oder der Architektur, mit jeglicher Kunst, die auf dem Markt gehandelt wird?« »Wirklich entscheidend für die Qualität und die Bedeutung eines Kunstwerks ist doch das Momentum seines Entstehens, Zeit, Ort, damit verbundene Gedanken«, entgegnete sie leidenschaftlich, »und dass sich das totale Aufgehen des Kunstschaffenden darin möglichst unmittelbar auf den Betrachtenden überträgt.« »Kunst lebt also nur im und für den Augenblick? Und ist auch nur im Zusammenhang mit den subjektiven Umständen bei seiner Entstehung Kunst in einem tieferen Sinn?« Lucius rätselte, ob er Pheromonas Gedanken richtig zusammengefasst habe. »Das meinte ich. Im Wesentlichen«, sagte sie und formte mit dem Daumen und dem Zeigefinger ihrer rechten Hand das kleine ›o‹, mit dem Taucher bestätigen: ›Alles in Ordnung‹.

Ohne hierauf noch weiter einzugehen, griff Lucius nach seinem Rucksack: »Ich würde mich wirklich wahnsinnig gern noch länger mit Ihnen unterhalten, aber es wird Zeit für mich, den Rückweg anzutreten. Ich möchte noch bei Tageslicht in Malady zurück sein, denn ich kenne mich in der Gegend nicht so gut aus, und es wird jetzt schon früher dunkel. Mich noch einmal zu verirren, wäre mir heute einmal zu viel.« »Ach, bitte, bleiben Sie«, bat Pheromona sichtlich getroffen vom abrupten Ende ihrer anregenden Plauderei. »Wenn Sie jetzt gehen, erkläre ich Sie zum Sadisten!« Wie ein kleines schmollendes Mädchen, das seinen Willen nicht bekommt, zog sie ein bisschen übertrieben schnaubend ihren Hut mit einem Ruck fest in die Stirn – und schwieg gekonnt gekränkt. »Ich glaube, Sie haben ein völlig falsches Verständnis von Sadismus«, konterte Lucius den kleinen Erpressungsversuch. »Sadismus ist etwas absolut Positives, ja etwas Ehrenwertes. Er ist nämlich nichts anderes, als der Altruismus des Masochisten, der, indem er einen anderen quält, auf den eigenen Schmerz verzichtet. Verstehen Sie?« Sie sah ihn mit einem etwas ungelenk geratenen Ausdruck an, fing sich aber schnell und nahm einen neuen, jetzt etwas charmanter klingenden Anlauf, ihn vom Da-bleiben-müssen zu überzeugen: »Nicht weit von hier, oben an der Landstraße, steht mein Auto, ein wunderschönes stahlblaues Borgward-Coupé von 1959 mit cremefarbenen Ledersitzen und 75 PS«, versuchte sie ihm ihren Wunsch mit einem typischen Männerargument schmackhaft zu machen. »Ich bringe Sie dann später gern in Ihr Quartier zurück.« Dann fasste sie ihn sanft entschlossen am linken Oberarm, um ihrem Ansinnen körperlich Nachdruck zu verleihen. »Außerdem habe ich noch Rotwein dabei und finde: Wir könnten doch auf unsere unverhoffte Bekanntschaft anstoßen.« Sie holte ein großes blaues Badetuch aus ihrer Tasche, breitete es auf dem Boden aus und entkorkte hastig eine Flasche »Romance en rouge«.

»Eine zarte Verbindung von Merlottrauben mit einem Cabernet Sauvignon!« Pheromona ließ dem Wein und Lucius Zeit zu atmen. »Nehmen Sie mein Glas, es ist noch unbenutzt. Ich kann gern aus der Flasche trinken. Beim Malen mache ich das meistens auch so.«

Lucius blieb. Natürlich. Als suchten beide nach einer geeigneten Gelegenheit, in Ruhe über die sich so unvorhergesehen entwickelnden Dinge nachzudenken, prosteten sie sich mit stiller Geste zu und schauten, ein wenig verlegen, Schulter an Schulter minutenlang stoisch schweigend in die Ferne, bis dorthin, wo Himmel und Meer in der Horizontale zusammenfanden. Ob ihre Gedanken weiter gingen? »Es ist seltsam.« Pheromona faltete die Hände vor ihrem Gesicht und drückte sie sachte auf ihre Nasenspitze. »Diese schier endlose Weite. Sie hat etwas Öffnendes, Befreiendes, aber eigentlich habe ich Angst vor dem Meer.« Sie wurde plötzlich sehr leise: »Eine richtig tief sitzende Angst.« Ihr Puls ging jetzt schneller. Fragend sah er sie an: »Und trotzdem kommen Sie, wie Sie sagen, immer wieder hier her?« »Hmmh«, bestätigte sie: »Es ist, glaube ich, der Versuch, diese Angst mit Hilfe der Malerei zu überwinden. Vielleicht gewinne ich aus der Konfrontation mit den gewaltigen Wassermassen eine gewisse Stärke. Zumindest denke ich mir, dass ich dieser Angst etwas von ihrer dämonischen Kraft nehmen kann, wenn ich mich ihr stelle. Hoffe ich jedenfalls.« Sie zog ihre Beine eng an sich und umfasste sie fest mit beiden Armen. »Sie müssen wissen«, fuhr sie fort, »dass ich im August 1962, genau ein Jahr nach dem Mauerbau in Berlin, mit einem winzigen Ruderboot nachts über die Ostsee aus der DDR geflohen bin. Ich weiß noch genau, die Entscheidung fiel nach einer Flasche Rotkäppchen-Sekt an meinem 30. Geburtstag schon Anfang Januar. Mein Vater war kurz zuvor von seinem Lehrauftrag für klassische Philologie an der Universität in Leipzig entbunden und von der Staatssicherheit verhört worden – wegen einer Bemerkung über Walter Ulbricht. Dabei hatte mein Vater lediglich am Rande einer Diskussionsveranstaltung gescherzt, dass man die Reden des Staatsratsvorsitzenden leider nicht ins Altgriechische übersetzen könne, weil er so stark sächsele. Das genügte, dass ihm irgendein Neider im Dozentenkollektiv einen Strick daraus drehte und ihn beim ABV, dem allgegenwärtigen Abschnittsbevollmächtigten der Volkspolizei für das Uni-Gelände, anschwärzte. Noch am selben Abend standen zwei Stasi-Offiziere bei uns in der Wohnung. Es war purer Dusel, dass sie meinen Vati nicht verhafteten. Für mich sah ich von da an in diesem Staat keine Zukunft mehr.« Beide starrten einander wortlos an. »Lassen Sie uns noch ein paar Schritte gehen«, sagte Lucius schließlich und reichte ihr zum Aufstehen galant die Hand.

»Haben Sie manchmal vor etwas Angst, Lucius?« Pheromona fühlte sich mit einem Mal zu dem ihr vor einer halben Stunde noch gänzlich Fremden hingezogen – als suche sie bei ihm Schutz vor bösen Zeitgeistern. »Sie sagten doch, Sie hätten zu Beginn Ihres Berufslebens einige erfolgreiche Bücher geschrieben, eine Familie gegründet, zwei reizende Mädchen bekommen. Und sie lebten in einem freien Land. Da kann einem das Schicksal doch kaum noch etwas anhaben, oder?« Lucius überlegte lange. »Bevor ich vor etwa 16 Jahren nach Paris ging, verkauften sich meine bis dahin veröffentlichten Bücher in der Tat recht ordentlich. Es kam Geld herein und ein Freund, der da schon in Frankreich wohnte, schwärmte mir immer wieder von diesem wunderbaren Leben als Schriftsteller an der Seine vor. Ich würde sicher mit Jean-Paul Sartre und anderen Intellektuellen in den Salons ins Gespräch kommen oder mich im ›Café de Flore‹ mit Simone de Beauvoir über ihren literarischen Welterfolg ›Das andere Geschlecht‹ unterhalten können. Überhaupt seien die Pariserinnen in jeder Hinsicht unvergleichlich. Einen jungen Mann euphorisieren solche Gedanken natürlich. Ich musste also nach Paris. Mir blieb schlicht keine andere Wahl. Meine Familie hatte diesem Sog nichts entgegenzusetzen. Erst als zuhause die Buchverkäufe ausblieben und die beiden Verlage, bei denen ich unter Vertrag stand, das Interesse an mir verloren, verwandelte sich meine Lebenslust in Existenzangst: die Furcht, viel von dem, was bisher selbstverständlich war, würde auf einmal passé sein. Ich hatte Sorge, die Miete nicht mehr bezahlen zu können, vielleicht auf einer Parkbank schlafen, hungern zu müssen. Ich dachte an George Orwell, befürchtete, wie er Ende der 1920er-Jahre – in meiner Stadt – ein Ausgestoßener zu sein, down and out, ohne Aussicht auf einen Ausweg aus der Misere. Ich sah die Bilder deutlich vor mir: Irgendwann würde man mich halb verwahrlost unter einem Bogen der Pont d'Alexandre wie ein Stück Abfall der Wohlhabenden auflesen. Niemand würde mich mehr kennen. Aber dann habe ich die Angst bekämpft, weil mir bewusst wurde, Angst macht dich sterblich. Und ich wollte noch nicht sterben. Ich wollte noch einmal, na ja, endlich einmal etwas wirklich Großes zustande bringen, einen Roman schreiben, eine menschliche Tragödie, meine Tragödie. Den Titel hatte ich schon: ›Stille Tage, kein Leben‹. Es passte wie die Faust aufs Auge, dass meine kurz zuvor noch hoch gelobten Kinderbücher gerade auf den Ramschtischen der Buchhandlungen landeten. Dann, im Frühsommer '55, verliebte ich mich in eine kubanische Nachtclubsängerin namens Celia Bacardi, die zu meinem Unglück bereits in festen Händen war, was ich zunächst nicht ahnte. Während eines ihrer Auftritte machte mir das dann ein ungehobelter Klotz, der sich Fidel nannte, handfest klar. Wie mir der Barkeeper verriet, sei er ein junger Rechtsanwalt aus Kuba, der in Paris einen Erholungsurlaub verbringe und im Suff ständig von einer Revolution fasele, die er zuhause anzetteln wolle. Sie wissen, von wem ich spreche?!«

»Als es mir wieder besser ging«, fuhr Lucius nach einer kurzen Pause fort, »beschloss ich, dass sich in meinem Leben etwas ändern müsse. Ich wollte ein echter Haudegen werden und ein zweiter Ernest Hemingway. Verstehen Sie? Ich plante also, das Erlebte in einem autobiografischen Roman für die Ewigkeit festzuhalten, in einer Geschichte voller Saft und Kraft. Die Voraussetzungen waren exzellent: Blessuren im Gesicht, meine Ersparnisse praktisch aufgebraucht, so gut wie obdachlos, eine Liebe ohne Aussicht, sie leben zu dürfen – ich war total am Boden zerstört, in jeder Hinsicht eine armselige Existenz. Kurz gesagt: Mein Leben lag in Scherben. Das versprach wirklich große Literatur. Und da auch die Beziehung zu meiner Familie endgültig in die Brüche gegangen war, konnte ich mich voll und ganz dem Schreiben widmen. Also setzte ich mich wieder an die Maschine, die beständigste und aufrichtigste Liebe meines Lebens, und versuchte, mich quasi wie der Baron von Münchhausen am eigenen Schopf aus dem Sumpf zu ziehen, in den ich selbstverschuldet geraten war – nur ohne Lügen. Ich strengte mich an, versuchte es wieder und wieder, viele Tage und Nächte. Vergeblich. Wahrscheinlich lag es daran, dass ich mir die eigenen Schwächen nicht eingestehen wollte. Ich hätte mich dann noch hilfloser gefühlt, als ich es sowieso schon war.« Lucius bemühte sich, die unvermutet aufgewühlten alten Depressionen klein zu halten, locker zu wirken: »Wenn Sie Politikerin wären, Pheromona, würden Sie mich sicher verstehen.«

»Das heißt also,« fragte sie nach, »Sie produzierten im Wesentlichen für den Papierkorb?« »Ja, und je voller er wurde, umso häufiger kreiste die entsetzlichste aller Ängste, die einen Schriftsteller befallen können, wie ein Aasgeier über meinem Kopf: die Panik vor dem schleichenden Sprachverlust. Es gibt nichts Schlimmeres, als nicht mehr zu wissen, wie die Dinge heißen, die du benennen und beschreiben möchtest. Völlig egal, was es ist: der kleine tragbare

Plattenspieler vielleicht, den du dir vom mühsam ersparten Taschengeld gekauft hast, oder das leicht verwackelte Foto von deinem ersten Auftritt als heuchlerischer Tartuffe im Schultheater. Oder ein bunter Wollschal, den dir deine Mutter einst unter den Weihnachtsbaum gelegt hat und der dich noch im Studium mit seiner eingestrickten Herzenswärme komfortabel durch kalte Tage begleitete. Oder einfach nur die Kaffeetasse auf dem Tisch vor dir: Verlierst du die Worte für die Dinge, die dich umgeben, verlierst du Halt und Orientierung. Und schließlich werden dir die Menschen fremd, weil dir ihre Gesichter nichts mehr sagen und du ihre Namen längst vergessen hast. Genau dann zwingt dich dieser grausame Moment nieder, in dem du, wenn du Glück hast, oder Pech, erahnst, dass die Grenzen deiner Sprache die Grenzen deiner Welt sind. Du verstehst nicht mehr, was du sagen willst. Was aus deinem Mund tropft, klingt flach und faul – jedes Wort ein saures, nach Verderben schmeckendes Geräusch. Der Kokon, der dein gemütliches Zuhause war, löst sich auf. Aus der Erdkugel, die dich mit ihrer Schwerkraft bis dahin gehalten hat, wird eine Scheibe, die sich immer schneller dreht und von der du schneller fällst als du schaust. Das war's dann. Aus und vorbei.«

Pheromonas Augen waren feucht geworden: »Es ist ja gottseidank nicht so gekommen. Wie ging es denn wieder aufwärts bei Ihnen?« Lucius tat einige Schritte näher ans Wasser. Dann drehte er sich um und betrachtete seine hübsche Bekanntschaft aus ein paar Metern Entfernung: »Meine materielle Rettung war sicher der Job, den ich kurz vor Weihnachten 1955 bei der PR-Agentur Rob S. Pierre angeboten bekam. Am allermeisten hat mir aber meine Liebe zur Musik geholfen. Ich glaube, sie hat meine Seele wieder in eine aufrechte Position gerückt. Ein glücklicher Zufall fügte bald beides zusammen, Arbeit und Musik. Ich hatte beruflich die Leiterin des künstlerischen Betriebsbüros der Pariser Oper, Madame Suzanne Ziegler, eine reizende Elsässerin, kennengelernt. Wir kamen bei der Gestaltung von Programmheften und Imageanzeigen in Kontakt. Das war einer meiner ersten Jobs bei der Firma. Eines Tages fragte die Ziegler mich – ich dachte zunächst, sie mache nur Spaß – ob ich nicht Lust hätte, bei einer Inszenierung von Mozarts ›Die Entführung aus dem Serail‹ mitzuwirken. Der Knüller dabei: Die Figur der Constanze wurde von dem Liebling der Opernfans in aller Welt, der Griechin Maria Pallas, der göttlichen Athene, verkörpert. Und als wäre das nicht schon genial genug, war ihr Partner bei dem Singspiel der legendäre Heldentenor Mario Lanza-Rothe, eine Stimme wie ein ausbrechender Vulkan. Er gab Constanzes Verlobten, den Edelmann Belmonte. Für mich kam also nur noch eine Nebenrolle in Betracht.« Lucius schmunzelte. Es ging im sichtlich wieder besser. »Aber nicht mal für den Chor kam ich in Betracht, weil ich nicht singen kann und höchstens die falschen Töne sicher treffe. Doch als Statist kam ich groß raus. Ich weiß noch genau, ich musste Constanze gleich im 1. Akt einen langen Seidenschleier über die Bühne nachtragen und wäre beinahe über den Fetzen gestolpert und in den Orchestergraben gestürzt. Lanza-Rothe hielt mich im letzten Augenblick fest. Im Nachhinein betrachtet ein prächtiges Abenteuer. Schade nur, dass in der Presse die schlechten Kritiken überwogen. Den Vogel schoss der für seine bissigen Feuilletons bekannte Frankreich-Korrespondent des deutschen Fernsehens, Georg Stefan Trommler, ab. In seiner Reportagereihe ›Pariser Kulturjournaille‹ verstieg er sich zu der Behauptung, die Pallas und ihr, wie er kommentierte, ›schriller Metzger-Sopran‹ hätten sämtliche Arien regelrecht ›durch den Fleischwolf gedreht‹. Auch ich bekam mein Fett ab. Es war trotzdem eine tolle Erfahrung. Und ihre Stimme eine Offenbarung – ganz Primadonna assoluta.«

Pheromona, die während der letzten Minuten Lucius Lippen geradezu gelesen hatte, ließ sich in den warmen Sand zurückfallen, schloss die Augen und stimmte die ersten Takte der Ouvertüre zur »Entführung …« an, um sich aber gleich wieder zu unterbrechen: »Da können Sie sich ja glatt mit einem guten Freund von mir, Endeavour Morse aus Oxford, zusammentun. Er ist von klassischer Musik besessen. Ich glaube, er steckt sein ganzes Vermögen in Opernbesuche und seine Plattensammlung.« »Und Sie?« fragte Lucius, »Was haben Sie für Leidenschaften – außer der Malerei und der Bekämpfung von Karies natürlich?« »Machen Sie sich ruhig lustig über mich! Ich sammle auch. Bunte, heitere Dinge. Von meinem Vater habe ich zum Beispiel die Leidenschaft für tropische Schmetterlinge geerbt. Einige der schönsten Stücke, unter anderem zwei Zwillingsfeigenfalter aus Sumatra, hängen in Schauvitrinen gegenüber meinem Behandlungsstuhl. Das lenkt die Patienten ab und es passt gut zu meinen farbintensiven Gemälden. Ja und dann schlägt mein Herz auch für alte Reklametafeln – hey, das müsste Sie als Werbemenschen doch interessieren. Mein Liebling ist ein altes, leicht abgeblättertes Emailschild. Es hing angeblich während der Zeit der Weimarer Republik in der damals weit über die Stadtgrenzen hinaus bekannten Berliner Kneipe ›Pichelhaube‹ – erzählte mir jedenfalls der Trödler, von dem ich es habe. Es zeigt auf grünem Grund ein großes stilisiertes Kelchglas mit einer eingelegten Olive, darunter der weiße, erhaben gestaltete Schriftzug: ›Was gehört in ein gepflegtes Cocktailglas? Vermouthlich ...‹« – sie buchstabierte das Wort: »V, E, R, M, O, U, T, H, L, I, C, H – ›ein Martini! Genießen Sie ihn wie die Amerikaner – drinkend, on ice!‹«

Lucius lachte laut auf. Er stemmte die Arme in die Hüften und sah wieder aufs Wasser. Froh, geblieben zu sein, genoss er das letzte linde Licht dieses Tages. Worauf es hinter der Erdkrümmung wohl fiel? Ein Schwarm schwarzer Schwäne durchkreuzte mit mächtigen Flügelschlägen Lucius' Gedanken. Ob sie auf dem Weg in ihr afrikanisches Winterquartier waren? Noch nie in seinem Leben hatten ihn Fragen dieser Art interessiert. Wie beiläufig, ohne sich umzudrehen, fragte er mit halblauter Stimme in die aufkommende Dunkelheit hinein: »Wussten Sie, dass es 88 Sternbilder gibt? Und dass ein Klavier vom tiefsten a bis zum fünffach-gestrichenen c über genau 88 Tasten verfügt? Als ich das einmal las, dachte ich mir, das kann doch kein Zufall sein.« Und noch leiser, so, als ginge es nur ihn selbst an, fügte er hinzu: »Die Welt ist voll von Phänomenen, von denen wir nicht mal ahnen, geschweige denn wissen, dass es sie gibt. Erst wenn wir eines Tages die richtigen Worte, Töne oder Farben dafür finden, sind sie in der Welt, und wir können sie sehen, hören, fühlen, riechen und schmecken. Die Genesis ist nie zu Ende.«

Zwei sanfte Hände auf seinen Schultern, eine warme Stirn in seinem Nacken und darunter ein heißer, weicher Frauenkörper erhitzten seine Phantasie. »Der Mond ist übrigens mein Lieblingssternbild.« Lucius sprach jetzt wieder lauter und drehte sich zu Pheromona um. »Und das meint es, glaube ich, heute besonders gut mit mir.« Er konnte ihr Stirnrunzeln nur ahnen, denn es verbarg sich im Schatten, den die große Krempe ihres Strohhutes im rötlichgelben Licht des Erdtrabanten warf. Darunter, wie unter einem Hauch von schwarzem Schleier, neckten ihn zwei dunkle, abgrundtief zärtliche Augen, die ihn die Zeit und alles um sich herum vergessen ließen – wie einen zwei-, vielleicht knapp dreijährigen Buben, der gerade die Faszination des Spiels mit dem runden Leder entdeckt. Pheromona drückte sich jetzt so fest und eng an ihn, wie er einst sich als Kind in Wangerooge an die Seite seines Vaters. Damals, vor mehr als 40 Jahren, glaubte er felsenfest, dass der Sommer nie mehr enden werde.

Er war das Paradies, ewig und frei von Sünde. Jetzt war alles anders: die Nordsee fern, sein Vater tot und er selbst ein Mann, der wusste, wie das mit den Jahreszeiten und mit manch anderen Dingen lief.

Doch gab es gute Gründe, sich diesmal auf den Herbst zu freuen. Lucius wusste, er würde endlich wieder Gedichte lesen – vielleicht zur Einstimmung das druckfrische Suhrkamp-Bändchen des jungen Peter Handke. Fußballbegeisterte Germanisten lobten es für seine experimentelle Lyrik, der die 68er-Meistermannschaft des 1. FC Nürnberg nach dem sportlichen nun auch literarischen Ruhm verdankte. Bestimmt aber würde Lucius zu den Romantikern greifen und zum großen Liebenden jener Jahre, Rainer Maria Rilke. Er würde lange Briefe schreiben, sich möglicherweise an einer Erzählung versuchen, er würde die Fenster weit öffnen und wie die letzte Süße eines schweren Weines die Erinnerung genießen: die Erinnerung an das Meer, an eine Frau und an seinen Traum von einem Ort im Süden. Das Wort Napoléons, von dem Monsieur Alphonse am Morgen gesprochen hatte, lag in der Luft: » ... in Malady-sur-Mer wurde ich wieder zum Menschen.« Lucius' Fingerspitzen berührten Pheromonas Lippen so sanft, als trüge er Sorge, er könnte das gerade erwachende gemeinsame Glück durch eine Ungeschicklichkeit verschrecken. Dann ging er in die Knie, um mit seinem rechten Zeigefinger ein Herz in den warmen Sand zu zeichnen. Darunter schrieb er nur ein Wort, ein neues Wort für Liebe: Malady-sur-Coeur.

FIN

Charaktere

Kapitel I

Lucius, erfolgreicher deutscher Kreativdirektor einer PR-Agentur in Paris, stürzt im September 1969 beruflich wie privat in eine existenzielle Krise. An einem Sehnsuchtsort im Süden des Landes will er ein neues Leben beginnen.

Monsieur Alphonse, Gasthofbetreiber an der Côte d'Azur, Bilderbuchfranzose und Literaturliebhaber. Er überrascht Lucius mit profundem Wissen über die Gebrüder Zola sowie eine französisch-fränkische Städtepartnerschaft.

Marcel Ben Boubou, Psychologe an der Pariser Sorbonne, Bekannter von Lucius und Ratgeber in Fragen der Literatur; gründete die »Platonische Bibliothek« und verficht die These, eine gute Überschrift sage mehr als 1000 Worte.

Oscar Wilde-Berry, eigentlich Oscar Berry. Irischer Exzentriker und leidenschaftlicher Verehrer seines Zeitgenossen Oscar Wilde. Er sieht den Sinn des Daseins in einem Höchstmaß an Synchronität mit dem Leben seines Dichteridols.

Chargen (Auswahl): Hans Anders Christiansen, dänischer Märchenfälscher mit Sinn fürs Frivole (»Schneeflittchen und die sieben Zwerge«); Carl Hesselbach, hessischer Heimatdichter und Inhaber einer bekannten Frankfurter Akzidenz- und Zeitungsdruckerei; Heinrich, s. Kapitel II.

Kapitel II

Matéo Pierre, Erbe und Geschäftsführer der Pariser PR-Agentur »Rob S. Pierre Publicité Consulting«. Offener Antisemit, heimlicher Deutschenhasser und langjähriger Arbeitgeber von Lucius – bis dieser einen wichtigen Kunden brüskiert.

Heinrich, Lucius' Jugend- und Studienfreund, bewohnt mit ihm ein schlichtes Appartement in der französischen Hauptstadt. Der Betreiber eines Vorstadtkinos gefällt sich als hemmungsloser Erotomane mit Hang zum Vulgären.

Jean-Marie Le Pendant, aufstrebender skrupelloser Politiker und angehender Parteiengründer. Der stramme Nationalist erhofft sich von Matéo Pierres Agentur das PR-Rüstzeug für eine totale Machtergreifung in Frankreich.

Gilbert, eloquenter Oberkellner in Lucius' Stammlokal »Chez Medusa«. Trotz geringster Deutsch-Kenntnisse gelingt es ihm, seinem Stammgast Lucius so etwas wie ein alkoholografisches Gefühl von Heimat in der Fremde aufzutischen.

Dr. Hermann G. Rossthaler, sprachmächtiger fränkischer Intellektueller und beliebter Kulturpolitiker. Lucius hatte ihn 1952 bei einer Podiumsdiskussion an der Volkshochschule Erlangen kennengelernt, aber bald den Kontakt verloren.

Arno Schmidt, Kultautor, schrieb u. a. die nie publizierte Karl-May-Persiflage »Der Wortschatz im Silbensee«. Die hier dargestellte Begegnung mit Lucius im Jahr 1959 beleuchtet eine wichtige Weichenstellung im Leben des Schriftstellers.

Chargen (Auswahl): Gerard Grenouille, Chefmeteorologe des französischen Staatsfernsehens; George Pompidou, als Person und amtierender Staatspräsident für Jean-Marie Le Pendant erklärtes Hassobjekt Nr. 1; General Charles de Gaulle, Vorgänger Pompidous und beinahe Opfer eines von Le Pendant geplanten Anschlags; Jolene Jouet, einst Erotik-Kolumnistin, jetzt Le Pendants Pressechefin; Madame Louise, eiskalte Personalchefin und Partnerin Matéo Pierres in Firma und Bett.

Kapitel III

Singh Asong Raida, indischer Feinkosthändler und bekannter Singer-Songwriter. Machte mit Beatles-Gitarrist George Harrison und dem Instrumentalvirtuosen Rajid Haddar Shankar die Sitar speziell in der westlichen U-Musik populär.

Émile Zola, französischer Romancier und Journalist mit italienischen Wurzeln. Der Autor so berühmter Romane wie »Der Bauch von Paris« begründete die Freilichtschriftstellerei, aus der heraus sich der literarische Naturalismus entwickelte.

Gorgon Zola, stand stets im Schatten seines berühmten Bruders Émile. Nach dessen Tod wurde er mit der Veredelung von Käse bekannt. Er gilt indirekt als einer der Vorväter einer der ersten deutsch-französischen Städtepartnerschaften.

Chargen (Auswahl): Louis Dauphin, für seine leckeren Croissants und Kekse in Paris weltbekannter Inhaber der Frühbäckerei »Pastille«.

Kapitel IV

Marie Deuxpoint-Zéro, ältere Messdienerin in Malady-sur-Mer, macht aus ihrer kritischen Haltung zum Kirchenstaat keinen Hehl. Sie wünscht sich eine Reform des Gemeindelebens und vor allem mehr Mitwirkungsrechte für Frauen.

Monsignore Charles Lathane, in der ersten Hälfte des 19. Jahrhunderts Pfarrer in Malady-sur-Mer. Die Gemeinde liebte seine heitere Form der frohen Botschaft – nicht so der Heilige Stuhl. Er verbannte den eigenwilligen Priester.

Padre Benito, italienischer Machtmönch, nach 1920 Kopf des Schwarzkutten-Ordens. In seiner Denkschrift »O Sole Mio« versprach der selbsternannte »Duce Luce« seinen Glaubensbrüdern ewige Erleuchtung, führte sie aber hinters Licht.

Charlotte, eigentlich Amélie, betreibt in Malady-sur-Mer das »Chez Charlotte Échalote«. Nicht zuletzt wegen seiner leckeren Lupinensüppchen gilt das Lokal als Geheimtipp für G-Astronomen, die nach neuen Michelin-Sternen suchen.

Arik Koulin, Koch und kultivierter Küchenhistoriker aus Klagenfurt. Der Sohn einer Kaltmamsell und eines böhmischen Suppenwürfelentwicklers lernte u. a. bei Drei-Sterne-Koch Paul Combuse die großen Geheimnisse der Kulinarik kennen.

Jürg Reinhart, Wissenschaftsjournalist bei der »Frankfurter Besonderen Zeitung«. Sein 1968 erschienenes Buch »Die Architektur der interstellaren Lautverschiebung« löste eine diplomatische Krise zwischen den USA und der UdSSR aus.

Max Zürcher, Gelegenheitsarchitekt und Schweizer Schriftsteller mit kompliziertem Charakter. In seinem letzten, noch unveröffentlichten Tagebuch legt er sein Gefühlskonvolut für die österreichische Autorin Inge Borg-Buchmann offen.

Cosimo Cosmedici, Urahn der berühmten toskanisch-provenzalischen Unternehmerdynastie, erkannte frühzeitig die Bedeutung edlen Duftwassers für die feine Gesellschaft. Gründete 1647 mit zehn Parfümeurskollegen die Gruppe 4711.

Chargen (Auswahl): Thomasius Schmandt-Schmalhans, Küchenmeister am Hofe Friedrich Wilhelm I., des sogenannten Rouladenkönigs; Ludger Wittwenstein, Sprachphilosoph. Analysierte in »Das geschminkte Geschlecht« weibliche Kommunikation.

Kapitel V

Karl Magerheldt, Hamburger Modeschöpfer in Paris. Verabscheut Herrenkonfektion ab Größe 52/L, unterstützt uneigennützig junge Mannequins und begeistert sich für die Carnaby-Street-Ikone Twiggy – mit schlimmen Folgen.

Sylvie Schiffer, Mädchenname: Silvia Chiffre. Schürzen- und Biederwarenvorführerin in Bekleidungsgeschäften der Provinz. Später Mannequin und Magerheldts Muse. Sie trennt sich von ihm, als er seine Schlankheitssucht übertreibt.

Straßenhändler, versorgt Lucius während seines Besuchs in Èze mit Essen und Trinken. Dabei erweist er sich auch als empfindsamer Erzähler der schwierigen Geschichte des Ortes, besonders zu Zeiten der Französischen Revolution.

Angélique I., langjährige unumstrittene Herrscherin über das südfranzösische Bergdorf Èze und sein Umland. Beim Volk genießt sie bis zuletzt große Sympathie. Sie räumt ihr Schloss, kurz bevor die Französische Revolution den Ort erreicht.

Barbara Buck, heute weitgehend vergessene Schriftstellerin und frühe Frauenrechtlerin. Lebte in Èze mit einigen gleichgesinnten Geschlechtsgenossinnen. Ihre Satire »Keines Manns Untertan« hatte Lucius als Student beeindruckt.

Pheromona, war 1962 über die Ostsee aus der DDR geflüchtet. Lebt als Zahnärztin in Lyon und malt am Meer, um ihre Ängste vor Wasser zu überwinden. Es zeichnet sich ab, dass sie auch in Lucius' schattiertes Leben Farbe bringen wird.

Chargen (Auswahl): Egon-Erwin Quiche-Lorraine, Reisejournalist, galt wegen hoher Spesenabrechnungen als der »aasende Reporter«; Jean Gervais-Bresso, Pseudonym von Johann Frisch-Kees, berühmter Schweizer Dokumentarfilmer und Fotograf; Robert Le Blanc, der singende Kerkermeister der Französischen Revolution; Friedrich Nietzsche, urdeutsche, eigenwillige Geistesgröße und Kritiker seiner Epoche mit denkbar tragischem Ende; Fidel, zu Eifersucht neigender kubanischer Rechtsanwalt und Revolutionär.

Danksaga

It´s only words /
and words are all I have /
to take your heart away
Barry Gibb

Man muss es einmal so ehrlich sagen: Wer einen Roman, eine Erzählung oder andere literaturgetränkte Zeilen zu Papier bringt, hat zumeist nur einen geringen Anteil an ihrem Zustandekommen. Natürlich, er oder sie verspürt den Wunsch, Erlebtes oder Erdachtes in kunstvoller Form niederzulegen und gibt diesem Verlangen nach. Aber ist dies letztlich nicht schon fast das einzige Verdienst jenes Wollenden, dessen Name Einband und Titelseite des Werkes ziert? Haben, genau genommen, nicht viele andere durchaus vergleichbaren Anteil an der Entstehung des Werks – als Impulsgeber, Helferin oder Helfer jedweder Art? Im Falle des vorliegenden Buches gebührt jedenfalls zahlreichen Menschen aufrichtiger Dank.

Das sind zunächst einmal all jene, die – ohne es überhaupt zu ahnen oder gar zu beabsichtigen – mit einem Text oder einer beiläufigen Aussage, mit Bildern, Melodien, ja vielleicht mit einer kleinen Geste oder schlichtweg einfach mit ihrer puren Existenz wesentliche Anstöße für die Entwicklung und Realisierung dieser Erzählung gegeben haben. Maximilien de Robespierre, Claude Monet, Friedrich Nietzsche, Oscar Wilde, Édith Piaf, Max Frisch, Juri Gagarin, Karl Lagerfeld, selbst US-Präsident Lyndon B. Johnson und Frankreichs Möchtegernstaatschef Jean-Marie Le Pen, um nur einige Namen zu nennen, gehören zu diesem illustren Kreis, dem ich mich zu Dank verpflichtet fühle. Ohne sie und ihre Geschichte ist die hier erzählte nicht denkbar.

Wertvoll für die Entstehung dieser Erzählung war auch der immer wieder Energien freisetzende Zuspruch aus dem persönlichen Umfeld. Ein großes Dankeschön gilt in diesem Zusammenhang dem Journalisten Michael Kniess und einer lieben Freundin, wie es sie so nur in Fürth geben kann, Susanne Kramer. Auch meine beiden Söhne Jona und Daniel, einige sehr geschätzte ehemalige Kolleginnen und Kollegen an der Volkshochschule und im Presseamt der Stadt Erlangen sowie wunderbare Bekannte in Darmstadt und Jena haben, zum Teil bevor noch die ersten Seiten geschrieben waren, mein Projekt mit ihrer Sympathie unterstützt.

Ein überdimensionales Dankeschön gilt meiner Frau Elisabeth. Selbst zu nachmitternächtlicher Stunde eilte sie zu Hilfe, wenn technische Not am Ehemann war. Efeu gleich wuchernde Ausriss- und Materialstapel in Wohn- und Esszimmer ertrug sie mit bewunderungswürdiger Nachsicht. Doch mehr als allen anderen danke ich meinen Eltern, die ich sehr vermisse. Sie haben, ich kann es nicht anders benennen, wirklich grundlegenden Anteil am Zustandekommen dieses Buches – sie und vielleicht auch unsere Helden von Bern: Trainerlegende Sepp Herberger, Kapitän Fritz Walter, Siegtorschütze Helmut Rahn sowie die gesamte deutsche Fußball-Nationalmannschaft von 1954. Mit ihrem Erfolg im Weltmeisterschaftsendspiel gegen Ungarn leisteten sie einen nicht zu unterschätzenden Beitrag zur emotionalen Gründung der jungen Bundesrepublik – und, neun Monate vor meiner Geburt, möglicherweise auch zu meiner Zeugung.

Bescheidenheit ist also angesagt, wenn es um den Anteil eines Autors oder einer Autorin an ihren Werken geht. Am ehesten lässt er sich wohl noch mit der Leistung des Beerensammlers vergleichen, der in den Wald geht, Früchte für einen Kuchen pflückt und sie unzerdrückt nach Hause bringt. Den Teig selbst, so meine feste Überzeugung, rührt dann ein himmlischer Bäckermeister an. Ihm, seinem Souschef Konrad Duden und – last not least – der Akademischen Verlagsbuchhandlung Friedrich Mauke gebührt heute mein abschließender Dank.

Peter Gertenbach, im Sommer 2023